СОДЕРЖАНИЕ

ПРЕДИСЛОВИЕ

Пособие по развитию устной речи «Российские праздники: история и современность» адресовано прежде всего иностранцам, изучающим русский язык и владеющим им в объёме I сертификационного уровня. В то же время информация, содержащаяся в рубрике «А знаете ли вы, что...», может быть интересна и преподавателям русского языка как иностранного.

Пособие представляет собой сборник текстов, содержащих познавательный материал исторического и страноведческого характера о календарях Руси, о календарных реформах, о русских праздничных обрядах и традициях, о первых советских праздниках и праздниках современной России. В пособии даны тексты о российских государственных праздниках (Новый год, День защитника Отечества, Международный женский день, Праздник весны и труда, День Победы, День России, День народного единства), о Рождестве, о старинных народных праздниках Святках и Масленице, главном празднике православных россиян Пасхе. Есть также тексты о не отмеченных в календаре, но любимых россиянами праздниках Татьянином дне (25 января) и Дне смеха (1 апреля).

Материал пособия представлен в соответствии с хронологической последовательностью праздников в календаре.

Работа по предлагаемому пособию может быть организована следующим образом. Сначала необходимо прочитать текст, где могут встретиться выделенные жирным шрифтом слова и словосочетания, для понимания которых требуется исторический или культурологический комментарий (эти комментарии помещены в конце книги). Также в тексте могут встретиться слова и словосочетания, для понимания которых достаточно небольшого пояснения (оно даётся в сносках). После текста даны вопросы, ориентированные на общее понимание прочитанного. Затем следуют упражнения, направленные на расширение лексического запаса, проверку понимания значения слов, повторение лексики текста. Некоторые упражнения направлены на развитие навыка словообразования (образование существительных от глаголов, прилагательных от существительных, существительных от прилагательных) или на закрепление грамматического материала (восстановление видовых пар глаголов и образование словосочетаний). Некоторые задания представлены в виде кроссвордов или рисунков. После ряда текстов даны задания, способствующие развитию навыка самостоятельного (твор-

И.И. Жабоклицкая

РОССИЙСКИЕ ПРАЗДНИКИ:
ИСТОРИЯ И СОВРЕМЕННОСТЬ

Учебное пособие по русскому языку для иностранных учащихся

2-е издание, исправленное

МОСКВА
2014

УДК 811.161.1
ББК 81.2 Рус-96
   Ж12

В оформлении обложки использован фрагмент картины
М.Ю. Шанькова «Сивка-Бурка» (2004)

       Жабоклицкая, И.И.
Ж12   **Российские праздники: история и современность**: Учебное пособие по
русскому языку для иностранных учащихся / И.И. Жабоклицкая. — 2-е изд.,
испр. — М.: Русский язык. Курсы, 2014. — 136 с.

ISBN 978-5-88337-085-3

Пособие адресовано тем, кого интересуют традиции и обычаи русской культуры, нашедшие своё отражение в мозаике российских праздников.

Пособие представляет собой сборник текстов, содержащих познавательный материал исторического и страноведческого характера о календарях Руси, о календарных реформах, о русских праздничных обрядах и традициях, о первых советских праздниках и праздниках современной России. После каждого текста даны вопросы, ориентированные на общее понимание прочитанного, и упражнения, направленные на расширение лексического запаса, проверку понимания значения слов, повторение лексики текста, на развитие навыка словообразования или на закрепление грамматического материала. Пособие содержит также дополнительные материалы для чтения и список праздничных дней современной России.

Предназначено иностранным учащимся, владеющим русским языком в объёме I сертификационного уровня.

ISBN 978-5-88337-085-3

ческого) письма. Например, такие: напишите письмо Деду Морозу, придумайте сами стихи (для помощи даны рифмы) и т. д.

После упражнений следует рубрика «А знаете ли вы, что...», рассчитанная на тех, кто интересуется историей России, её культурой и традициями. Лексический и информативный материал, данный в этой рубрике, не задействован ни в вопросах, ни в упражнениях.

Завершают работу вопросы и устные задания, стимулирующие развитие коммуникативных навыков (рубрика «Поговорим?»). Обращение к личности студента, к традициям и культуре его страны призвано снять или, по крайней мере, снизить уровень психологического барьера, который является серьёзной помехой при обучении говорению. Устные творческие задания также способствуют развитию навыка свободной неподготовленной речи.

Работу на занятии можно по желанию дополнить чтением и обсуждением дополнительных материалов, расположенных в соответствии с хронологическим порядком праздников. Это стихи, тексты обрядовых песен, отрывки из художественных произведений и школьных сочинений и т. д. Например, прочитав школьные сочинения на тему «Чей праздник 8 Марта?», можно организовать игровую дискуссию или ролевое ток-шоу «Женщина в российской семье», «Настоящая женщина «по-русски» — это...», «Почему так популярны невесты из России?» и т. д. Подобным образом, используя материал сочинений или анкетирования, в интерактивной форме можно отрабатывать лексику тем «День защитника Отечества» и «День России». Порядок текстов литературных иллюстраций соответствует хронологическому порядку праздников.

Дополнительным поводом к работе по практике устной речи может служить разговор о празднике или памятном дне, который выпадает по календарю на текущий день занятия (пособие содержит сокращённый список праздничных дней). Можно предложить, например, обсудить вариант проведения Дня без табака, поговорить о том, что подарить подруге на Всемирный день красоты, кого поздравить с Международным днём птиц и т. д.

Надеемся, что работа с пособием будет для вас полезной и интересной. Желаем успеха!

ЧТО ТАКОЕ ПРАЗДНИК?

Посмотрите в словаре значение слов:

торже́ственный, посвяща́ть/посвяти́ть (*что? кому?*), по́вод, пра́здность, уны́-
ние, сре́дство, поколе́ние, духо́вный, определе́ние.

Разные люди, наверное, по-разному ответят на этот вопрос. Один человек
скажет, что это торжественный день, посвящённый какому-нибудь важно-
му событию. Другой — что это какой-то старинный **обря́д** или **ритуа́л**. А третий — что это просто повод подарить подарок близкому человеку или повеселиться. Кто же будет прав?

С давних пор люди понимали, что праздник — это что-то очень важ-
ное в их жизни. Древние греки считали, что праздник — это свобода, а свобода — начало всех начал. Настоящий праздник, по их мнению, это «оптимизм
плюс свободное творчество», а праздность и безделье приводят только к пес-
симизму и унынию. Платон говорил, что праздник — это путь к гармонии
с самим собой и с миром. А Аристотель называл праздник лучшим средством
воспитания, потому что праздник развивает в человеке его лучшие стороны
и воспитывает умение использовать свободное время.

Праздники, как известно, существуют только в человеческом обществе.
Ведь только человек способен включать в свою жизнь радости других людей,
помнить культурный опыт тех, кто жил до него, и передавать этот опыт следующим поколениям. Поэтому праздники были во всех обществах, во всех
культурах начиная с глубокой древности.

Праздники решают очень важную социальную задачу: они по-настоящему
объединяют людей. Именно праздник даёт человеку чувство свободы и единства с другими людьми. На празднике люди открыты друг для друга, они могут
свободно общаться, жить общими идеями и духовными интересами.

До сих пор учёные пытаются дать определение празднику, и здесь много
разных точек зрения. Бесспорно лишь, что праздник — это наиболее древ-
няя и совершенно необходимая часть культуры. Известный литературовед
XX века М.М. Бахтин писал, что «празднество — это очень важная первич-
ная форма человеческой культуры». С одной стороны, праздник организует
свободное время и придаёт ему эстетическую форму. С другой стороны, праздник — это не просто свободное время. Это время, когда человек с радостью
принимает жизнь со всеми её плюсами и минусами, целиком и полностью.

Бахтин обращал внимание на то, что в празднике, помимо отдыха, обязательно должно быть что-то духовное, «что-то из мира идеалов». Поэтому,

Что такое праздник?

может быть, прав тот, кто когда-то сказал, что праздник — это идеальный мир, который на время стал реальностью?

1. Чем, с точки зрения древних греков, праздник отличается от праздности?
2. Что говорил о празднике Платон? А Аристотель?
3. Почему праздники существуют только в человеческом обществе?
4. Каким образом праздники объединяют людей?
5. Что, по мнению Бахтина, делает праздник настоящим?

Упражнения

1. Как вы думаете, с чем связано слово «праздник»:

- у студента,
- у старшеклассницы,
- у ребёнка,
- у домохозяйки,
- у бизнесмена?

Слова для справок: подарки, дискотека, торт, цветы, ужин в ресторане, вечеринка, гости, билеты на рок-концерт, модная одежда, покупка продуктов, каникулы, хорошее настроение, друзья, расходы, билеты на футбол, шампанское, салют, клуб, уборка квартиры, романтическое свидание, мороженое, выгодная сделка, танцы, новая игрушка, пиво, кино, усталость, музыка, билеты в театр, вкусная еда, зоопарк.

2. Дополните предложения фразами из текста.

1) С давних пор люди понимали, что праздник — это...
2) Древние греки считали, что праздник — это...
3) Ведь только человек способен...
4) Праздники решают очень важную социальную задачу: ...
5) Бесспорно лишь, что праздник — это...
6) Это время, когда...
7) Бахтин обращал внимание на то, что в празднике, помимо отдыха, обязательно должно быть что-то...

А знаете ли вы, что...

Учёные дают разные определения праздника как явления культуры, но все эти определения имеют несколько общих моментов.

Во-первых, в празднике конкретные практические стороны жизни связаны с универсальными культурными и духовными ценностями.

Во-вторых, каждый праздник имеет своё национальное своеобразие. Например, в русских народных праздниках исследователи отмечают некоторые характерные черты русской ментальности: гостеприимство, максимализм, почитание природы, коллективизм.

В-третьих, современная праздничная культура представляет собой соединение разных типов празднований. В современных российских праздниках есть элементы языческой традиции, которая является основой народной праздничной культуры (народные гулянья, обрядовые переодевания, суеверия — вера в приметы), христианских празднований (отношение к святыне, идея соборности — коллективного участия в общественных делах и обсуждениях), гражданских праздников (балы, костюмированные вечеринки), и остатки советских обычаев. Благодаря знакомству с традициями других культур появляются и новые формы празднований — например, День святого Валентина.

Поговорим?

Чем вы любите заниматься в своё свободное время? Чем вы интересуетесь? У вас есть какое-нибудь увлечение?

С чем у вас ассоциируется слово «праздник»?

Как вы думаете, какого праздника не хватает в нашей жизни? Придумайте ему название. Как можно было бы отметить этот праздник?

Какой праздник ваш любимый? Почему именно этот?

ПРАЗДНИЧНЫЙ КАЛЕНДАРЬ В РОССИИ К НАЧАЛУ XX ВЕКА

Посмотрите в словаре значение слов:

отража́ть/отрази́ть (*кого? что?*), земледе́льческий, соотве́тствовать (*кому? чему?*), устро́йство (*чего?*), совпада́ть/совпа́сть (*с кем? с чем?*), маги́ческий, обеспе́чивать/обеспе́чить (*что?*), благополу́чие, прижива́ться/прижи́ться, вытесня́ть/вы́теснить (*кого? что? откуда?*), созна́ние, правосла́вный, прославля́ть/просла́вить (*кого? что?*), свято́й, ико́на, юбиле́й (*кого? чего?*), дух, сосло́вие.

К началу XX века в календаре России было около 150 праздничных дней в году. «По праздникам» Россия занимала тогда первое место в Европе. Конечно, не все эти дни были нерабочими, или, как тогда говорили, «неприсутственными». Нерабочими считались только дни государственных праздников, которых было более 30, а также воскресенья. Но кроме государственных в России были и другие праздничные дни.

В то время все праздники составляли единую «праздничную» систему, которая отражала картину жизни русского народа. Каждый из праздников имел свой смысл и свои ритуалы. Это зависело от происхождения праздника, от того, какая идея или какое событие лежало в его основе.

Самыми древними были календарные праздники — праздники земледельческого календаря, который соответствовал периодам солнечной активности. Эти праздники отражали **язы́ческие** представления людей об устройстве мира, отношениях человека с природой и божествами. Главными календарными праздниками были **Свя́тки**, **Ма́сленица**, **Семи́к** и **Купа́ла**, а также праздники сбора урожая. Они отмечали переход от одного времени года к другому и совпадали с этапами солнечного цикла. Ритуалы языческих праздников имели магический смысл и были направлены на практическую сторону жизни: они должны были обеспечить хороший урожай, здоровье и благополучие человека.

После принятия христианства, в конце X века, на Руси появились праздники православной церкви. Приживались они достаточно долго, до конца XVI — начала XVII века. В начальный период христианства церковные праздники должны были вытеснить из народной жизни языческие праздничные обычаи, донести до сознания людей идею христианства. Позднее праздники православной церкви укрепляли веру в единого Бога, прославляли Христа и Богородицу (мать Иисуса Христа), воспитывали христианское отношение к духовным ценностям.

Кроме главного праздника православных христиан — Пасхи, очень важными считались **двунадеся́тые** праздники (12 основных праздников православной церкви) и некоторые праздники в честь христианских святых и чудотворных икон. Праздничным днём было и воскресенье. В старину оно называлось «неделя», потому что это был день, когда нельзя было работать, когда «нет дел». Современное название воскресенье получило лишь в конце XIII — начале XIV века в память о воскресе́нии[1] Христа.

При Петре I в России появились гражданские, или светские, праздники: встреча Нового года 1 января, праздники в честь военных побед России, а также «царские» дни (дни коронации, дни рождения и **имени́ны** царя, царицы, других членов царской семьи и т. д.). Новым типом праздников были юбилеи городов, торжественные открытия памятников, выставок, собрания различных обществ (сословных, профессиональных). Задачей гражданских праздников было воспитание чувства патриотизма, любви к императору, укрепление боевого духа армии, культурное образование, объединение людей интересами одного сословия или одной профессии.

1. Сколько праздников было в календаре России к началу XX века?
2. Какие праздники были самыми древними? Какую цель имели ритуалы этих праздников?
3. Когда появились на Руси христианские праздники? Какова была идея этих праздников?
4. Когда в России появились гражданские праздники? Какова была их задача?

---

[1] Воскресе́ние (воскреше́ние) — возвращение мёртвого к жизни.

Упражнения

1. Впишите по горизонтали слова.

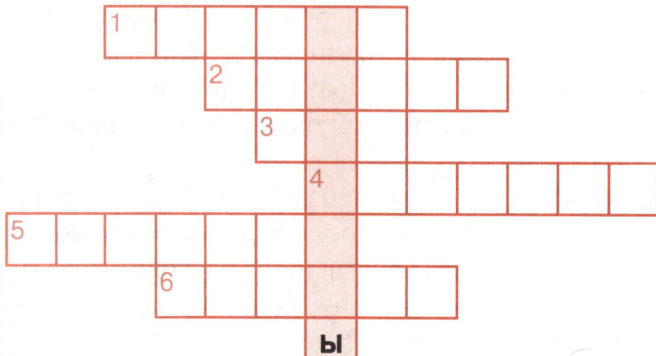

1. Месяц, который назван в честь римского императора.
2. Первый месяц года.
3. Месяц с самым коротким названием.
4. Последний месяц года.
5. Самый короткий месяц.
6. Последний месяц осени.

Теперь по вертикали вы можете прочитать слово, которым в народе называли период с конца января до начала марта. Как вы думаете, почему это время называлось именно так?

2. Замените выделенные слова и выражения словами из текста.

1) К началу XX века в календаре России было **примерно** 150 праздничных дней в году.

2) В то время все праздники **входили в** единую «праздничную» систему, которая **показывала** картину жизни русского народа.

3) **Основными дохристианскими** праздниками были Святки, Масленица, Семик и Купала **и ещё** праздники сбора урожая.

4) В начальный период христианства церковные праздники должны были вытеснить из **народного быта** языческие праздничные **традиции**.

5) **В старые времена** оно называлось «неделя», потому что это был день, когда **запрещено** было работать, когда «нет дел».

6) **Во время царствования Петра I** в России **возникли** гражданские, или светские, праздники.

7) **Целью светских** праздников было воспитание чувства патриотизма, любви к императору, укрепление боевого духа армии, культурное **просвещение**, объединение людей интересами одного сословия или одной профессии.

А знаете ли вы, что...

* Слово *календа́рь* пришло в русский язык из латинского в XVII веке. В Древнем Риме *кале́ндами* называли первые дни каждого месяца.

* В XVI—XVII веках у русских были популярны имена и прозвища, связанные с природой и природными явлениями: Веснянка, Мороз, Берёза. Иногда давали имена по названию дня недели, в который родился ребёнок: Суббота, Неделя (по-старому — воскресенье). Позднее эти имена становились фамилиями, получая форму Морозов, Берёзин, Субботин, Неделин.

* В реальной жизни отмечались, конечно, не все христианские праздники. С народной точки зрения, самыми значимыми после Пасхи церковными праздниками были Рождество Христово, Крещение Господне, Благовещение Пресвятой Богородицы, День Святой Троицы, а также Покров Пресвятой Богородицы, Егорьев день, Иванов день, Петров день, Ильин день и Никола-зимний.

Поговорим?

Как вы думаете, праздники и в наши дни объединяют людей? Что ещё, с вашей точки зрения, может объединить людей? По каким интересам люди объединяются в сообщества, партии, компании, клубы?

«ДЕЛУ — ВРЕМЯ, ПОТЕХЕ — ЧАС»

Посмотрите в словаре значение слов:

бу́дни, вне́шний, накану́не (*чего?*), ба́ня, поря́док, украша́ть/укра́сить (*кого? что?*), воро́та, я́рмарка, развлека́ться/развле́чься, представле́ние, устра́ивать/устро́ить (*кого? что?*), па́рень (*мн. ч. па́рни*), благотвори́тельный, моли́тва, свяще́нник, ше́ствие, гада́ние, осужда́ть/осуди́ть (*кого? что?*), бал.

Многие, наверное, знают пословицу «Делу — время, потехе — час». Она означает: сначала поработай, а если останется время — отдыхай. Но раньше говорили немного по-другому: «И делу время, и потехе час», то есть всему своё время — и работе, и празднику. В старину люди очень серьёзно относились к очерёдности праздников и будней. Праздник был обязательной частью жизни русских людей, о нём говорили: «Праздник — святое дело», «Праздник надо уважать».

Каким же образом «уважали» праздник? Во-первых, в праздничный день нельзя было работать: «День свят — все дела спят», — говорили раньше. Во-вторых, люди старались лучше выглядеть, заботились о своём внешнем виде. Накануне праздника мылись в бане, в праздничный день надевали красивую одежду. В доме наводили порядок, украшали его. Улицы тоже готовили к празднику: убирали мусор, ремонтировали фасады домов, ворота.

И, кроме того, в день праздника, особенно церковного, люди старались более внимательно и уважительно относиться друг к другу, помогать бедным, навещать больных. В это время менялся не только внешний, окружающий мир, но и внутренний, духовный мир человека.

Ритуалы одного и того же праздника в разных областях могли чем-то различаться, но основные традиции празднования были общими.

На Руси всегда отмечали праздники всей семьёй, всей деревней, «всем миром». В гости приезжали родственники, приходили соседи, люди обсуждали разные события, рассказывали друг другу новости и, конечно, вместе собирались за праздничным столом. В деревнях иногда устраивали коллективные застолья, в которых участвовали все взрослые семейные жители деревни.

В праздничные дни работали ярмарки, где можно было не только что-нибудь купить, но и развлечься: посмотреть кукольные представления, выступления скоморо́хов — уличных артистов. Во время некоторых народных праздников (Святки, Масленица, Семик и др.) устраивали кулачные бои. Это старинное развлечение молодых мужчин, которое обычно заканчивалось общим застольем его участников. Кроме того что народные праздники давали возможность отдохнуть физически и психологически, они были важным этапом в «подготовке» новых семейных пар. Во время праздничных гуляний, молодёжных посиде́лок[1], хорово́дов и игр молодые люди знакомились, беседовали друг с другом, парни выбирали невест, девушки присматривали женихов. Праздники с песнями и танцами, играми и кулачными боями давали молодёжи возможность показать свои таланты, силу и мастерство. А поскольку настроение на празднике у всех хорошее, радостное, то и познакомиться друг с другом легче.

Церковные праздники имели другой смысл и формировали другую модель празднования: спокойное, сдержанное поведение, благотворительные дела, молитва дома и в церкви. В праздничный день верующие обязательно шли на церковную службу. Иногда служба включала в себя крестный ход — торжественное шествие священников и верующих с иконами и крестом из одного храма в другой или вокруг церкви.

---

[1] Посиде́лки — в старину молодёжные деревенские вечеринки.

Древние языческие обряды (переодевания, гадания, маски, кулачные бои и т. д.) церковь, конечно, осуждала, называла их и́грищами диавола, но полностью вытеснить их из жизни народа так и не смогла.

Гражданские праздники, особенно царские дни, обычно проходили достаточно официально. Начинался праздник с торжественной службы в церкви, затем проходил гвардейский парад. После парада во дворце устраивали праздничный завтрак или обед, а потом — бал. В городах, которые к этим дням украшали национальными флагами, цветами и портретами царя, проходили народные гулянья. В деревнях и сёлах празднование царского дня ограничивалось посещением храма. Не случайно в народе говорили: «Царский праздник — не наш день, а госуда́рев».

Крестный ход

1. В каких русских пословицах и поговорках говорится о праздниках?
2. Как на Руси выражали уважение праздничному дню?
3. Как менялся внутренний мир человека в праздничный день?
4. Как на Руси отмечали народные праздники?
5. Какую модель празднования формировали церковные праздники?
6. Как проводились в России гражданские праздники?

Упражнения

1. Замените выделенные слова словами из текста.

1) **В старые времена** люди очень серьёзно относились к **порядку праздничных и рабочих дней**.
2) Праздник был **необходимой** частью жизни русских людей.
3) Во-первых, в праздничный день **запрещалось** работать.
4) **Дом приводили в порядок**, украшали его.
5) И, **помимо этого**, в день праздника, особенно церковного, люди старались **с бо́льшим вниманием и уважением** относиться друг к другу, помогать бедным, навещать больных.
6) В это время **преображался** не только внешний, окружающий мир, но и внутренний, духовный мир человека.
7) В деревнях иногда **проводили** коллективные застолья, в которых **принимали участие** все взрослые семейные жители деревни.
8) В деревнях и сёлах празднование царского дня **сводилось к посещению церкви**.

2. Продолжите ряд.

Серьёзно относиться к учёбе, к работе, к людям, …
Выглядеть празднично, нарядно, молодо, …
Надевать пальто, шарф, шапку, …
Украшать дом, квартиру, комнату, …
Ремонтировать дом, квартиру, комнату, …
Помогать людям, друзьям, животным, …
Навещать больных, подругу, родителей, …

3. Напишите антонимы.

отдыхать — …   больной — …
серьёзно — …   внешний — …
будни — …   старинный — …
красивый — …   новый — …
внимательно — …   молодой — …
бедный — …   спокойный — …

Составьте словосочетания или предложения с каждым из этих слов.

А знаете ли вы, что…

✳ Со временем одни языческие обычаи забылись, другие — изменились и соединились с христианскими. Особенно это касалось ритуалов тех народных и христианских праздников, которые совпадали по времени (языческий «зимний солнцеворот» и Рождество Христово, Семик и христианский праздник Троицы и т. д.). В результате почти все народные праздники стали начинаться с молебна в церкви, а некоторые христианские — включать в себя элементы народных празднований (гулянья, семейные застолья, гости).

✳ Не только праздничное застолье, но и повседневная трапеза должна была проходить за столом, поскольку стол был символом длани (ладони) Божьей, протянутой людям. Считалось, что христианину положено принимать пищу за столом, а есть на земле может только язычник.

✳ Кулачный бой проходил в двух вариантах: «стенка на стенку», когда один ряд бойцов давил на другой ряд и должен был его разорвать, и «сцеплялка-свалка», когда бой проходил один на один. Главными правилами кулачного боя были: «не бить лежачего», «не бить увечного» (то есть того, у кого уже появилась кровь) и «не бить в спину».

Поговорим?

Расскажите, какие народные праздники отмечают в вашей стране. Как их празднуют? А как отмечают гражданские праздники?

Какие пословицы, поговорки или выражения о праздниках есть в вашем родном языке? Переведите их на русский язык.

Попробуйте сами придумать пословицу о празднике (помните, что пословица должна иметь поучительный смысл).

ЮЛИАНСКИЙ КАЛЕНДАРЬ НА РУСИ

Посмотрите в словаре значение слов:

евре́и, дань, нало́г, князь, скорбь, беда́, ука́з.

В конце X века Русь, по примеру **Византи́и**, приняла христианство. А вместе с христианством — **юлиа́нский** календарь с римскими названиями месяцев и семидневную неделю (на церковнославянском языке — седмицу). Дни недели на Руси назвали по-своему. Первым днём седмицы была неделя (день, когда «нет дел»), потом понедельник (день после недели), вторник (второй день), среда (средний день), четверг (четвёртый), пятница (пятый) и суббота (от еврейского слова «саббат» — день покоя).

Однако византийскую традицию встречать Новый год 1 сентября сначала приняла только церковь. Народ продолжал считать началом года 1 марта. Ведь именно в марте начинался год по древнеславянскому календарю: в это время природа просыпается после долгого зимнего сна и начинаются первые сельскохозяйственные работы. К тому же по закону того времени к 1 сентября надо было заплатить годовые дани и налоги великому князю. Какой же может быть праздник, когда отдаёшь часть того, что заработал за год?

Чтобы сделать «сентябрьский» новый год праздничным и торжественным днём, 1 сентября великий князь Иван III выходил на Соборную площадь Кремля к народу. В этот день любой человек мог подойти к князю и попросить у него помощи и защиты, или, как тогда говорили, «правды и милости». Князь называл каждого братом, поздравлял с Новым годом и дарил яблоко — символ нового года и благополучия.

Но русские ещё долго продолжали встречать Новый год по старой традиции в марте. Так было до тех пор, пока не наступил 7000-й год (семитысячный): в те времена вели отсчёт лет от сотворения мира, а не от Рождества Христова. Для христиан число 7 имеет особый смысл: в Би́блии[1] сказано, что Бог создал мир за 7 дней. Поэтому в 7000 году православные со страхом ждали конца света. На последнем листе одного календаря было написано: «Здесь страх, здесь скорбь, здесь беда великая... пришёл последний год».

Люди успокоились только тогда, когда закончился тот «последний» год и благополучно начался новый, 7001-й (семь тысяч первый). И уже в сентябре 7001 года вышел указ о том, что теперь не только церковный, но и гражданский год должен начинаться 1 сентября, как в Византии.

1. Когда Русь приняла христианство?
2. Какой календарь появился на Руси одновременно с христианством?
3. Когда начинался новый год по юлианскому календарю?
4. Почему «сентябрьский» новый год долго не был популярен в народе?
5. Что делал царь для того, чтобы день начала года — 1 сентября — стал праздничным?
6. Почему число 7 имеет для христиан особый смысл?
7. Чего ждали православные в 7000 году от сотворения мира?

Упражнения

1. Дополните предложения словами из текста.

1) В конце X века Русь, по примеру Византии, ...
2) Первым днём седмицы была...
3) Народ продолжал считать началом года...
4) Чтобы сделать «сентябрьский» новый год праздничным и торжественным днём, 1 сентября великий князь...
5) Князь называл каждого братом, поздравлял с новым годом и дарил...
6) Для христиан число 7 имеет особый смысл: в Библии сказано, что...
7) И уже в сентябре 7001 года вышел указ о том, что теперь не только церковный, но и гражданский год должен начинаться...

2. Восстановите видовые пары глаголов.

встречать — ...	... — принять
продолжать — ...	... — заплатить
отдавать — ...	... — заработать
говорить — ...	... — подойти
поздравлять — ...	... — попросить
дарить — ...	... — закончиться
ждать — ...	... — начаться

Составьте словосочетания или предложения с каждым из этих глаголов.

---
[1] Би́блия — священные тексты иудеев и христиан.

А знаете ли вы, что...

Есть мнение, что известное выражение «бабье лето», которое обозначает тёплую, солнечную погоду в начале осени, связано с древним «сентябрьским» новым годом. По народному календарю 1 сентября отмечали праздник Семёна-Летопроводца, который «провожал» год (по-старому — лето). К этому дню уже убирали урожай, и начиналось время традиционно женских работ: женщины обрабатывали лён, пряли и ткали.

Поговорим?

Если бы вы были великим князем, что бы вы сделали для того, чтобы «сентябрьский» Новый год стал настоящим праздником, популярным в народе?

А о чём бы вы попросили великого князя (королеву, президента и т. д.), если бы у вас была такая возможность?

Какие числа в традициях, верованиях вашей страны имеют особый (может быть, даже магический) смысл? Какие числа считаются счастливыми или, наоборот, несчастливыми?

У вас есть любимое число? Почему именно это? А нелюбимое?

КАЛЕНДАРЬ В РОССИИ ПОСЛЕ РЕФОРМЫ ПЕТРА I

Посмотрите в словаре значение слов:

устана́вливать/установи́ть (*что?*), издава́ть/изда́ть (*что?*), потряса́ющий, звони́ть/зазвони́ть, ко́локол (*мн. ч.* колокола́), бараба́н, костёр, (*мн. ч.* костры́), стреля́ть/вы́стрелить, бо́чка, сосна́, зажига́ть/заже́чь (*что?*).

В 7208 году царём в России стал Пётр I. При Петре I Россия начала активно устанавливать контакты с Европой. Но этому процессу мешало то, что европейские страны уже давно считали время от Рождества Христова, а не от сотворения мира, как в России.

Пётр I был человеком энергичным и издал указ, который решил календарные проблемы. Указ вышел 19 декабря 7208 года и назывался «О писании впредь Января с 1 числа 1700 года во всех бумагах лет от Рождества Христова, а не от Сотворения мира». В этом указе Пётр I приказал день после 31 декабря 7208 года считать днём 1 января 1700 года. Однако многие люди, особенно священнослужители, были недовольны изменением календаря. Они считали, что государь вмешивается в дела Господа Бога. Тогда Пётр I решил всех удивить и устроил в Москве потрясающее торжество. Вечером 31 декабря начался необыкновенный фейерверк. Говорили, что первую ракету запустил сам Пётр I. Утром 1 января все церкви зазвонили в колокола, а по городским улицам под бой барабанов прошло войско. Праздник продолжался целую неделю. Всю неделю на площадях города горели костры, стреляли пушки, скоморохи показывали весёлые представления. Кроме того, на улицах стояли бочки с бесплатным вином и пивом, и каждый желающий подходил и пил, сколько хотел.

Чтобы «закрепить» новую традицию, 20 января 1700 года вышел ещё один указ. В нём царь объяснял, как именно надо встречать Новый год: «В знак доброго начинания поздравлять друг друга в веселии с Новым годом, желая в делах благополучия и в семье благоденствия». Дома и ворота надо было украшать ветками ели или сосны, во дворах зажигать костры, а детей «забавлять[1] и катать с гор». В указе говорилось даже о том, как в этот день должны вести себя взрослые люди: «пьянства и мордобоя[2] не учинять[3] — на то других дней хватает».

1. С какого года в России начала действовать европейская система отсчёта лет?
2. Как отметили в Москве Новый 1700-й год?
3. Как по указу Петра I полагалось встречать Новый год?

Упражнения

1. **Замените выделенные слова словами из текста.**

   1) **Во время царствования Петра I** Россия начала активно устанавливать **связи** со **странами Европы**.
   2) Пётр I был **человеком действия** и издал указ, который решил календарные проблемы.
   3) **Поэтому** Пётр I решил всех **поразить** и **организовал** в Москве **незабываемый праздник**.
   4) Утром все церкви **начали звонить** в колокола, а по **улицам города** под **барабанный бой прошли солдаты**.
   5) Праздник **длился всю неделю**.
   6) **Целую** неделю на **городских площадях** горели костры, стреляли пушки, **уличные артисты выступали со смешными представлениями**.
   7) **К тому же** на улицах стояли бочки с бесплатным вином и пивом, и **любой** желающий подходил и пил, сколько **угодно**.

2. **Напишите антонимы.**

   начать — ...   необыкновенный — ...
   активно — ...   первый — ...
   мешать — ...   бесплатный — ...
   энергичный — ...   добрый — ...
   недовольный — ...   весёлый — ...

   Составьте словосочетания или предложения с каждым из этих слов.

---

[1] Забавля́ть (*кого?*) (*устар.*) — веселить (*кого?*).
[2] Мордобо́й (*груб.*) — драка.
[3] Учиня́ть (*что?*) (*устар.*) — устраивать (*что?*).

3. Придумайте и напишите свой «указ» о том, как надо встречать Новый год в XXI веке.

А знаете ли вы, что...

Текст указа Петра I был таким:

«Поелико в России считают Новый год по-разному, с сего числа перестать дурить головы людям и считать Новый год повсеместно с 1 генваря. А в знак доброго начинания и веселия поздравлять друг друга с Новым годом, желая в делах благополучия и в семье благоденствия. В честь Нового года учинять украшения из древ и ветвей сосновых, еловых и можжевеловых. А людям скудным хотя по древу или ветви над воротами или над хороминами своими поставить. И чтоб то поспело будущего генваря к 1-му числу 1700 сего года. А стоять тому украшению генваря по 7-е число того же года. Да генваря ж в 1-й день, в знак веселия друг друга поздравляти с Новым годом и столетним веком, и учинить сие, когда на Большой Красной площади огненные потехи начнутся, и стрельба будет, и по знатным домам и окольничьим, и думным знатным людям, палатного, воинского и купеческого чина знаменитым людям каждому на своем дворе из небольших пушечек, у кого есть или из мелкого ружья учинить трижды стрельбу и выпустить несколько ракет, сколько у кого случится. А по улицам большим, где пристойно, генваря с 1-го числа по 7-е число по ночам огни зажигать из дров, или хвороста, или из соломы. А где мелкие дворы, собравшись по пяти или шести дворов, тако же огонь класть, или, кто хочет, на столбиках по одной или по две или по три смоляные и худые бочки, наполняя соломою или хворостом, зажигать, а перед бурмистрскою ратушею стрельбе и таким же украшениям по их усмотрению быть же».

Поговорим?

Если бы Пётр I не реформировал календарь, в каком году жили бы сейчас россияне?

Как вы думаете, почему Петра I называют реформатором? Кого ещё из мировых политиков или общественных деятелей (прошлого и настоящего) вы бы могли назвать реформаторами?

А вы не хотели бы стать реформатором? Что бы вы изменили в мире? Что бы вам хотелось изменить в своей жизни?

ПЕРЕХОД РОССИИ НА ГРИГОРИАНСКИЙ КАЛЕНДАРЬ

Посмотрите в словаре значение слов:

отменя́ть/отмени́ть (*что?*), вводи́ть/ввести́ (*кого? что?*), отстава́ть/отста́ть (*от кого? от чего?*), забасто́вка, восста́ние, флот, като́лики, протеста́нты.

Указ Петра I отменил в России византийскую систему отсчёта лет (от сотворения мира) и ввёл новую, европейскую (от Рождества Христова). При этом в России продолжал действовать юлианский календарь, хотя многие страны Европы с конца XVI века уже жили по новому календарному стилю — **григориа́нскому**. В XVIII веке юлианский календарь отставал от григорианского на 10 дней, и разница в датах создавала неудобства для связей России с европейскими странами.

В России, начиная с 1830 года, было несколько попыток перехода на западный календарь, но заканчивались они безрезультатно. В 1899 году Русское астрономическое общество даже собиралось разработать свой собственный календарь. Для этого была создана специальная комиссия, в которую входил знаменитый химик Д.И. Менделеев. Члены комиссии решили, что юлианский календарь, во-первых, неточный с научной точки зрения, а во-вторых, использует языческие названия месяцев. Месяцу марту (названному в честь бога войны Марса), например, придумали новое название «мир». А противники реформы заявляли, что даже новейшие открытия в области астрономии доказывают точность и правильность юлианского календаря, на основе которого был составлен церковный круг христианских праздников. Комиссия работала долго, но единого решения так и не предложила.

В 1905 году в России начала работать ещё одна календарная комиссия. Все понимали, что для международных отношений России необходимо ввести западноевропейский календарь. Но политическая ситуация в стране была тогда очень сложной (начались массовые забастовки рабочих, волнения крестьян, восстания в армии и на флоте), поэтому царь Николай II посчитал, что вопрос о реформе календаря надо на некоторое время отложить.

И только в 1918 году, после **Октя́брьской револю́ции**, Россия перешла на новый, григорианский календарный стиль. При этом Русская православная церковь продолжает пользоваться юлианским календарём. Поэтому многие христианские праздники отмечаются православными на 13 дней позже, чем католиками и протестантами. С 1918 года даты праздников православной церкви обычно указываются по двум стилям календаря (григорианскому — новому и юлианскому — старому). Например, дата Рождества Христова может быть указана так: 7 января / 25 декабря (первое число дано по григорианскому стилю, а второе — по юлианскому).

Переход России на григорианский календарь

1. Что изменилось в календарной системе России после реформы Петра I? А что осталось по-прежнему?
2. На какие недостатки юлианского календаря обращали внимание члены комиссии Русского астрономического общества?
3. Какие причины требовали введения в России западного календаря?
4. Когда Россия перешла на григорианский календарный стиль?

Упражнения

1. Восстановите видовые пары глаголов.

продолжать — ...   ... — отменить
отставать — ...   ... — разработать
создавать — ...   ... — создать
заканчиваться — ...   ... — решить
собираться — ...   ... — придумать
входить — ...   ... — предложить
понимать — ...   ... — начать
отмечать — ...   ... — перейти

Составьте словосочетания или предложения с каждым из этих глаголов.

2. Выберите вариант, по смыслу наиболее близкий информации, данной в тексте.

1) а. Пётр I узаконил уже существовавшую в России систему отсчёта лет — от Рождества Христова.
   б. По приказу Петра I в России начала действовать новая система отсчёта лет — от Рождества Христова.

2) а. После реформы Петра I календарь в России оставался прежним — юлианским.
   б. Пётр I пробовал заменить в России юлианский календарь на григорианский, по которому жила Европа.

3) а. В XVIII веке григорианский календарь опережал юлианский на 10 дней, это было неудобно для российских международных отношений.
   б. В XVIII веке юлианский календарь отставал от григорианского на 10 дней, и это приводило к дипломатическим конфликтам России с другими странами.

4) а. Месяцы, имеющие языческие названия, комиссия предложила переименовать.
   б. Комиссия решила, что месяцам, названным в честь языческих богов, надо дать христианские названия.

5) а. Комиссия работала длительное время, но к общему мнению не пришла.
   б. Из-за нехватки времени членам комиссии не удалось найти компромисс.

6) а. Из-за сложной политической обстановки в стране в 1905 году вопрос о реформе календаря отложили.
   б. Из-за того, что политическая ситуация в стране в 1905 году была нестабильной, дискуссию о реформе календаря запретили.

Поговорим?

Попробуйте составить свой личный календарь (календарь своей семьи, своих друзей). Из каких праздников состоял бы такой календарь? Какой праздник такого календаря был бы главным? Как можно было бы отметить этот праздник?

ПЕРВЫЕ ПРАЗДНИКИ СОВЕТСКОЙ РЕСПУБЛИКИ

Посмотрите в словаре значение слов:

быт, исключа́ть/исключи́ть (*кого? что? откуда?*), годовщи́на (*чего?*), вовлече́ние (*кого? чего? во что?*), разруше́ние (*кого? чего?*), агита́тор, исто́чник (*чего?*), самоде́ятельность, пропага́нда.

Револю́ция 1917 года стала началом огромных изменений во всех областях жизни: в политике, в быту, в сознании. Конечно, изменения происходили и в праздничной культуре. Многие прежние праздники были исключены из официального календаря: были отменены все царские дни и некоторые церковные праздники[1]. Вместо них появились новые праздники — революционные. Праздники Советской Республики и памятные дни революционной борьбы назывались **Кра́сным календарём**. В него входили:

Н. Кочергин.
Плакат. 1920 г.

— День Интернационала (1 Мая);

— Октябрьская годовщина (7 Ноября);

— День Красной армии (23 Февраля);

— День работницы (8 Марта) и другие[2].

Первые пролетарские праздники были праздниками нового типа, ведь главной идеей первых лет после революции была идея обновления мира. Задачей этих праздников было вовлечение народа в разрушение старого общественного порядка и построение нового. Не случайно Ле́нин[3] называл пролетарский праздник орудием революции.

Программа первых пролетарских праздников состояла из двух частей: шествия (демонстрации) и митинга. Митинги проводились в основном для того, чтобы собрать людей вместе, объединить их одной идеей.

---

[1] Церковные праздники отменялись постепенно; Рождество Христово и Пасха были в официальном календаре до 1927 года.

[2] Подробнее о праздниках Красного календаря см. Комментарии: «Красный календарь».

[3] Влади́мир Ле́нин — организатор Советского государства, идеолог коммунизма.

Б. Кустодиев.
«Демонстрация на площади Урицкого». 1921 г.

Поэтому на митингах обязательно выступали агитаторы, которые объясняли людям смысл и задачи революции. Кроме того, митинги были важным источником информации: газеты тогда выходили нерегулярно, радио и телевидения не было. Иногда митинги заканчивались небольшим концертом рабочей самодеятельности.

Идеологи революции объясняли, что пролетарские демонстрации — это шествия нового времени, потому что они движутся только вперёд, а не по кругу, как, например, традиционный крестный ход. Демонстрации рабочих символизировали движение к новой жизни, к идеалу, движение от «сегодня» к «завтра».

В первые годы после революции пролетарские праздники выполняли в основном идеологическую задачу: они были средством агитации и пропаганды. Позднее, с середины 1920-х годов, праздники и демонстрации «стали увереннее, спокойнее и веселее, в них стало больше весёлого шума. Раньше рабочий боролся, теперь он просто празднует», — писала в те годы газета «Петроградская правда».

1. Чему были посвящены дни Красного календаря?
2. Для чего проводились митинги?
3. Что символизировали демонстрации?
4. Какова была задача первых пролетарских праздников?

Упражнения

1. Напишите антонимы.

исключить — …

новый — …

входить — …

первый — …

старый — …

объединить — …

важный — …

заканчиваться — …

вперёд — …

уверенный — …

спокойный — …

весёлый — …

Составьте словосочетания или предложения с каждым из этих слов.

2. Соответствуют ли эти высказывания информации, данной в тексте? Если нет исправьте ошибки.

1) После революции 1916 года вместо старых, «царских», праздников появились новые — революционные.
2) Праздники Советской Республики стали называться Революционным календарём.
3) В этот календарь входили памятные дни революционной борьбы.
4) Программа советских праздников того времени состояла из двух частей.
5) На митингах иногда выступали революционные агитаторы, которые объясняли людям смысл и задачи революции.
6) Демонстрации символизировали движение к новой жизни, к будущему.
7) Начиная с 1920-х годов праздники и демонстрации перестали быть только средством агитации, они стали более весёлыми и интересными.

А знаете ли вы, что...

✳ В Советской России несколько раз реформировали производственный календарь — сначала для того, чтобы по-новому организовать работу и восстановить экономику после революции и **Гражда́нской войны́**, затем — чтобы быстрее развивать производство.

✳ Первая реформа прошла в 1930 году. Все предприятия страны перешли на непрерывное производство, когда заводы и фабрики работали без остановки. Рабочая неделя состояла из пяти дней, которые назывались «первый день пятидневки», «второй день пятидневки» и т. д. Все работники предприятия делились на пять групп, у каждой группы был свой выходной. Через год «пятидневку» отменили, потому что выходных стало слишком много, и пятилетний план развития экономики (пятилетки) оказался под угрозой.

✳ Вторая реформа прошла в 1931 году. Многие организации перешли на шестидневную рабочую неделю, выходными стали определённые числа месяца: 6, 12, 18, 24, 30.

В. Иванов. Плакат. 1948 г.

✳ Третья реформа календаря прошла в 1940 году. Закон установил восьмичасовой рабочий день и семидневную рабочую неделю (воскресенье стало выходным днём).

✳ «Короткие» субботы, когда работали до обеда, появились в 1960-е годы, а два полных выходных дня (суббота и воскресенье) — в 1967 году.

Поговорим?

Есть ли в календаре вашей страны праздники или памятные дни, которые появились недавно? С какими историческими событиями они связаны?

СИМВОЛЫ СОВЕТСКИХ ПРАЗДНИКОВ

Посмотрите в словаре значение слов:

эмбле́ма, о́браз, мо́лот, плуг, серп, герб, плака́т, зна́мя (*мн. ч. знамёна*), ра́дуга, парово́з, управля́ть (*кем? чем?*), чудо́вище, разрыва́ть/разорва́ть (*что?*), цепь, несправедли́вый.

Новым праздникам нужны были новые эмблемы и символы. Эти образы должны были показать людям идеи революции. Первым советским символом стала красная звезда — знак воинов Красной армии. Сначала в центре звезды было изображение молота, плуга и книги — символов рабочих, крестьян и интеллигенции. Затем остались только плуг и молот, позже плуг заменили на серп. В 1923 году красная звезда появилась на гербе Советской Республики.

Главным цветом оформления советских праздников был красный — символический цвет революции. Ещё одним советским символом стали скрещенные серп и молот — знак союза рабочих и крестьян. На время праздников улицы и площади городов украшались красными флагами и огромными плакатами. Художники того времени изображали революцию в виде молодой женщины-революционерки или рабочего со знаменем. Земной шар, над которым поднимается солнце или радуга, символизировал свободу и новую, счастливую, жизнь. Паровоз, который летит вперёд на всех пара́х[1], обозначал светлое будущее. Молодые мускулистые мужчины, которые управляют фантастическими машинами, убивают сказочных чудовищ или разрывают цепи, были образом революционной силы, которая должна изменить старый несправедливый мир.

С. Карпов.
«СССР. Дружба народов». 1920 г.

---

[1] Лете́ть на всех пара́х — двигаться очень быстро, изо всех сил.

Символы советских праздников

1. Какой цвет был главным цветом революции?
2. Какой знак был первым советским символом? Как он выглядел?
3. Чем были украшены здания во время праздников в советское время?

Упражнения

1. Дополните предложения словами из текста.

1) Новым праздникам нужны были новые…
2) Эти образы должны были показать людям…
3) Первым советским символом стала…
4) В 1923 году красная звезда появилась на…
5) Главным цветом оформления советских праздников был…
6) Ещё одним советским символом стали…
7) На время праздников улицы и площади городов украшались…
8) Земной шар, над которым поднимается солнце или радуга, символизировал…

2. Какое из этих выражений лишнее?

красный		белый	
	от стыда		от ужаса
	от жары		от испуга
	от мороза		от боли
	от гнева		от холода
	от скуки		от смеха
	от смеха		от страха
	от напряжения		от снега

3. Составьте словосочетания из прилагательных и существительных.

зелёная	зависть
чёрная	мечта
золотая	тоска
голубая	армия
красная	пресса
жёлтая	середина

А знаете ли вы, что...

❋ Слово «красный» в значении цвета стало использоваться только с XVIII века, а до этого оно означало «красивый, нарядный, хороший, лучший, приятный». Тогда говорили: «красная де́вица», «красная изба́[1]».

Слово «красный» имело также значение «ценный, почётный, дорогой». Пословица «Не красна изба углами, а красна пирогами» значит, что дом ценят не за внешнее убранство, а за гостеприимство. «Красным зверем» называли медведя, волка и лисицу, т. е. животных с особо ценным мехом. Красным называли угол дома, где находились иконы. А красный цвет

---

[1] Изба́ — деревянный крестьянский дом на Руси.

обозначали словами *червонный* (от названия цвета настоящего золота, имеющего красноватый оттенок), *рудой, алый, малиновый, огневой*.

Поговорим?

Какой ваш любимый цвет? Почему именно этот? А какой цвет вы не любите?

Как вы думаете, что может быть символом дня рождения? А символом Нового года? Какие знаки, символы и эмблемы существуют в нашей жизни: в быту, в политике, в науке, в спорте? Нарисуйте их.

Расскажите, что изображено на гербе вашей страны. А на гербе вашего родного города?

Придумайте герб своей семьи. Нарисуйте или опишите его.

ГОСУДАРСТВЕННЫЕ ПРАЗДНИКИ СОВРЕМЕННОЙ РОССИИ
(нерабочие праздничные дни)

Посмотрите в словаре значение слов:

солида́рность, ло́зунг, посёлок, распа́д (*чего?*), ста́тус.

К концу 1980-х годов в календарь Советского Союза входило шесть праздников, которые соответствовали нерабочим дням: Новый год (1 января), Международный женский день (8 марта), Международный день солидарности трудящихся (1 и 2 мая), День Победы (9 мая), годовщина Великой Октябрьской социалистической революции (7 и 8 ноября) и День Конституции (5 декабря).

Накануне государственных праздников 7 Ноября и 1 Мая города Советского Союза украшались красными флагами, лозунгами, портретами Ленина и руководителей страны того времени. В дни этих праздников по всей стране проходили демонстрации, а в некоторых больших городах — военные парады. Наиболее торжественно в Советском Союзе отмечали годовщину революции — главный государственный праздник страны. К юбилеям революции заканчивали строительство крупных заводов и электростанций, именем «Октября» называли посёлки и колхо́зы[1], улицы и площади по всей стране.

Единственным государственным праздником, который отмечался и на официальном уровне, и гораздо шире — в народе, всегда был День Победы.

После распада Советского Союза (1991 год) изменился и список праздников. В официальный календарь вернулось православное Рождество, и по-

---

[1] Колхо́з — сокращение слов «коллективное хозяйство»; в Советском Союзе — объединение крестьян для коллективного ведения сельского хозяйства.

явился новый государственный праздник — День России. День Советской армии и Военно-морского флота получил новое название — День защитника Отечества и в 2002 году стал выходным. Переименовали также и День международной солидарности трудящихся, он стал называться Праздником весны и труда.

Главный советский праздник — 7 Ноября — в 1996 году получил название День примирения и согласия. В 2004 году вместо него появился новый праздничный день — День народного единства.

Сегодня в России семь государственных праздников. Их число не совпадает с количеством официальных праздничных нерабочих дней, поскольку Рождество Христово (7 января) не имеет статуса государственного праздника, хотя и является выходным днём.

Государственные праздники Российской Федерации — это:
- Новый год (новогодние каникулы 1–5 января);
- День защитника Отечества (23 февраля);
- Международный женский день (8 марта);
- Праздник весны и труда (1 мая);
- День Победы (9 мая);
- День России (12 июня);
- День народного единства (4 ноября).

1. Какие государственные праздники входили в официальный календарь Советского Союза?
2. Какой праздник советского времени проходил наиболее торжественно?
3. Как отмечали юбилеи этого праздника?
4. Какой праздник отмечался всегда и на государственном уровне, и в народе?
5. Сколько сегодня в России государственных праздников? Перечислите их.
6. Какой праздничный день не входит в этот список? Почему?

Упражнения

1. Дополните предложения словами из текста.

1) Накануне государственных праздников 7 Ноября и 1 Мая города Советского Союза украшались…
2) В дни этих праздников по всей стране проходили…
3) Наиболее торжественно в Советском Союзе отмечали…
4) К юбилеям революции заканчивали…
5) Единственным государственным праздником, который отмечался и на официальном уровне, и, гораздо шире, в народе, всегда был…
6) В официальный календарь вернулось…
7) Сегодня в России…

2. **Напишите существительные, от которых образованы эти прилагательные.**

государственный — ...

нерабочий — ...

женский — ...

октябрьский — ...

военный — ...

морской — ...

выходной — ...

праздничный — ...

народный — ...

Составьте словосочетания или предложения с каждым из этих слов.

А знаете ли вы, что...

❋ По данным социологических исследований, самым любимым праздником 97 % россиян был и остаётся Новый год, а 48 % опрошенных называют его всенародным праздником. Главным государственным национальным праздником России 49 % участников опроса считают День Победы.

❋ Самыми радостными праздниками россияне называют Новый год, свой собственный день рождения, Пасху, Масленицу и Рождество.

Поговорим?

Назовите праздники, которые отмечают в вашей стране. Какие из них являются выходными днями?

Сколько государственных праздников в календаре вашей страны? Какой из них самый главный? Как его отмечают?

НОВЫЙ ГОД В РОССИИ ДО РЕВОЛЮЦИИ

Посмотрите в словаре значение слов:

дворяни́н (*мн. ч.* дворя́не), купе́ц (*мн. ч.* купцы́), чино́вник, маскара́д, карнава́л, коса́ (коси́чка), дирижа́бль, шлем, иго́лка, па́лка, свеча́, пря́ник, оре́х, недове́рие.

Сегодня самый любимый праздник россиян — это Новый год. Но так было не всегда. В дореволюционной России он не считался самостоятельным праздником и был лишь частью рождественских торжеств. Рождественские праздники продолжались от Рождества Христова (25 декабря по старому стилю) до Крещения (6 января), их отмечали все православные. Новый год праздновали только достаточно богатые люди: дворяне, купцы, чиновники. Этот день они обычно проводили в обществе: ходили в гости, навещали родственников и знакомых, как тогда говорили, «делали визиты».

В Зимнем дворце Санкт-Петербурга 1 января устраивали костюмированные балы-маскарады для дворян и купцов. Тему карнавала обычно предлагал сам император. На одном из «восточных» маскарадов император Николай I был в костюме китайского «мандари́на»[1] с огромным накладным животом и косичкой.

Крупные московские промышленники любили отмечать праздник в ресторане «Метрополь», купцы — в знаменитом ресторане «Яр». В ресторане «Прага» встречали Новый год известные врачи, юристы, военные и крупные чиновники. Эти вечеринки тоже были тематическими. Например, 31 декабря 1910 года в «Метрополе» проходил «авиационный карнавал». Зал ресторана украшал огромный дирижабль и модели аэропланов. Некоторые гости надели шлемы с круглыми очками — по последней «авиационной» моде.

Ёлка на празднике Рождества, а затем и Нового года, появилась в России всего лишь 150 лет назад. Хотя ещё в 1700 году Пётр I приказал «в честь Нового года учинять украшения из ветвей сосновых и еловых», после его смерти об этом быстро забыли. И продолжали ставить ёлки лишь на крыши кабако́в[2], где они часто оставались на целый год, теряли иголки и превращались в палки. Вероятно, отсюда и пошло выражение «ёлки-палки».

Обычай встречать Рождество с ёлкой «привезли» в Петербург немецкие мастера. Небольшую ёлочку чаще всего ставили на стол и украшали свечами, яблоками, пряниками и орехами. А под ёлочку клали подарки для детей. «Ёлкой» стали называть и сам рождественский (а потом и новогодний) детский праздник.

А вот крестьяне долго не принимали праздник Нового года, называли его «барской забавой» — развлечением господ — и относились к нему, как ко всему новому, с недоверием. В народе по старой традиции зимой праздновали Святки: с обрядовыми песнями, играми и гаданиями. И только к началу XX века Новый год стали отмечать жители не только городов, но и многих деревень.

---

[1] Мандари́н (*устар.*) — высший чиновник в Китае.
[2] Каба́к (*истор.*) — питейное заведение, дешёвый ресторан.

Новый год в России до революции

1. Какие праздники отмечали в России до революции в зимнее время?
2. Какие сословия отмечали Новый год? Как проходили эти праздники?
3. Когда в России появился обычай отмечать Рождество и Новый год с ёлкой? Откуда пришёл этот обычай? Как он выглядел?
4. Почему крестьяне долго не принимали праздник Нового года?
5. Когда Новый год стал праздником не только городских, но и деревенских жителей?

Упражнения

1. **Найдите лишние глаголы, если они есть?**

   — праздновать, отмечать, встречать **Новый год**
   — праздновать, отмечать, встречать **день рождения**
   — праздновать, отмечать, встречать **праздник**
   — праздновать, отмечать, встречать **свадьбу**
   — праздновать, отмечать, встречать **Рождество**
   — праздновать, отмечать, встречать **День матери**
   — праздновать, отмечать, встречать **встречу одноклассников**

2. **Замените выделенные слова словами из текста.**

   1) Рождественские **торжества длились** от Рождества до Крещения, их **праздновали** все православные.
   2) Новый год **отмечали** только **обеспеченные люди**: дворяне, купцы, чиновники.
   3) Этот день они **чаще всего** проводили в обществе: ходили в гости, навещали родственников и знакомых.
   4) Тему **костюмированного бала, как правило**, предлагал сам император.
   5) Некоторые гости **были в шлемах** с круглыми очками.
   6) Крестьяне относились к нему, как ко всему новому, **с подозрением**.
   7) **Простые люди по старому обычаю** зимой праздновали Святки: с обрядовыми песнями, играми и гаданиями.
   8) И **лишь** к началу XX века Новый год **начали встречать** не только **горожане**, но и жители многих деревень.

3. **Соответствуют ли эти высказывания информации, данной в тексте? Если нет, исправьте ошибки.**

   1) Сегодня самый любимый праздник россиян — это Рождество.
   2) Главным зимним праздником дореволюционной России был Новый год.
   3) Новый год обычно праздновали дома.
   4) В Зимнем дворце Санкт-Петербурга 1 января устраивали костюмированные балы-маскарады для студентов и гимназистов.
   5) 31 декабря 1909 года в «Метрополе» проходил «космический» карнавал.
   6) Обычай встречать Рождество и Новый год с ёлкой пришёл в Россию из Германии.
   7) Крестьяне сразу приняли новогодний праздник.
   8) К началу XX века Новый год стал общим праздником: его отмечали жители и городов, и многих деревень.

А знаете ли вы, что...

✳ Многие европейские народы считали ель священным деревом. Люди верили, что лесные духи, которые живут в ветвях деревьев, зимой переселяются в вечнозелёные ели. В самую длинную ночь года, во время зимнего солнцестояния, духов «задабривали»: приносили им дары и украшали ели.

✳ Первая публичная ёлка в России была устроена в Петербурге на Екатерингофском вокзале в 1852 году. А к концу XIX века ёлку ставили и в больших, и в малых городах, и в помещичьих усадьбах.

✳ Ёлок в крестьянских домах ни на Рождество, ни на Новый год не было до начала XX века. Дело в том, что у русских ель считалась деревом «нехорошим»: её не использовали для строительства, её ветвями устилали путь похоронной процессии.

✳ Мусульмане, жившие в Поволжье, Туркестане и на Кавказе, буддисты, жившие в Сибири, и евреи, населявшие в основном юг России и Малороссию, встречали Новый год по своим традиционным календарям, не связанным с православным летоисчислением.

Поговорим?

А вы были когда-нибудь на маскараде, карнавале или костюмированной вечеринке? В каком костюме?

Как вы думаете, в чём можно пойти:

— на деловую встречу;

— в театр;

— на занятия в университет;

— на вечеринку к друзьям;

— в клуб на дискотеку;

— на приём к королеве;

— в туристический поход?

ПЕРВЫЕ СОВЕТСКИЕ НОВОГОДНИЕ ЁЛКИ

Посмотрите в словаре значение слов:

постепе́нно, буржуа́зный, расхо́д, выпуска́ть/вы́пустить (*кого? что?*), база́р, фольга́, публикова́ть/опубликова́ть (*что?*), возрожда́ть/возроди́ть (*что?*), танк, тра́ктор (*мн. ч. трактора́*), шар, аттракцио́н, волше́бный.

В первые годы после революции в России ещё продолжали праздновать Рождество и Новый год. Но постепенно новая власть отходила от старых традиций, и в 1927 году Рождество было исключено из официального празд-

Первые советские новогодние ёлки

ничного календаря. Новый год стали называть буржуазным праздником, который «ведёт к развитию алкоголизма и неумеренным расходам рабочей семьи». В стране перестали устраивать ёлки для детей, выпускать новогодние открытки и ёлочные игрушки, закрылись ёлочные базары.

Однако, несмотря на официальную критику новогоднего праздника, многие люди в конце декабря всё же ставили ёлочку или украшали дом еловыми ветками. Наряжали ёлку самодельными игрушками: снежинками и цепями из цветной бумаги, грецкими орехами в серебряной и золотой фольге.

А в 1935 году, как раз под Новый год — 28 декабря, в газете «Правда» была опубликована статья «Давайте организуем к новому году детям хорошую ёлку!». Автор статьи предлагал возродить хорошую традицию детских праздников — ёлок. И хотя до Нового года оставалось только три дня, к 31 декабря ёлки были везде! Открылись ёлочные базары, в магазинах появились ёлочные игрушки.

Первые советские игрушки отличались от дореволюционных. Ёлку украшали уже не золотыми фигурками ангелов, а бумажными красноармейцами, спортсменами и пионе́рами[1]. Свечи заменили игрушечными танками, тракторами и самолётами, а верхушку ёлки стала украшать пятиконечная звезда (вместо шести- или восьмиконечной рождественской). Конечно, помимо «идеологических», на ёлке были и обычные игрушки: шары, фигурки

животных и героев сказок, орехи, конфеты. В 1937 году были выпущены ёлочные шары с портретами Ленина, Ста́лина[2], Ма́ркса и Энгельса[3].

---

[1] Пионе́р — член детской коммунистической организации Советского Союза.

[2] Ио́сиф Ста́лин — глава Коммунистической партии и руководитель Советского государства в 1924—1953 годы.

[3] Карл Маркс и Фри́дрих Энгельс — организаторы и руководители международной организации пролетариата «I Интернационал».

Первые советские новогодние ёлки

Первую официальную ёлку устроили в 1937 году в **Коло́нном за́ле До́ма сою́зов** для детей-отли́чников[1] учёбы. В Колонном зале всегда проходили самые лучшие новогодние праздники: зал украшали моделями самолётов и ледоколов, детей встречали герои сказок и детских книг, работали всевозможные аттракционы, были даже настоящие звери из зоопарка!

С 1948 года 1 января стал нерабочим днём, а Новый год — любимым праздником не только детей, но и взрослых. Можно сказать, что Новый год в советское время «занял» место Рождества. На праздник Нового года перешли не только нскоторые рождественские традиции (ёлка, подарки, Дед Мороз), но и сама атмосфера Рождества. Новый год стал праздником ожидания чуда: семейным, добрым и волшебным. Таким он до сих пор и остаётся.

1. Почему Новый год в 1920-е годы называли буржуазным праздником?
2. Какими самодельными игрушками наряжали ёлку?
3. Когда Новый год вернулся в официальный календарь в качестве праздника?
4. Какими были первые советские игрушки?
5. Как проходили новогодние праздники в Колонном зале Дома союзов?
6. Почему можно сказать, что Новый год в советское время «занял» место Рождества?

Упражнения

1. Закончите предложения, используя слова для справок.

1) Игрушки, которые сделаны вручную, — это...
2) Школьник, который учится на «отлично», — это...
3) Корабль, который прокладывает дорогу во льдах, — это...
4) Место, где продаются ёлки, — это...
5) Не только дерево, но и детский новогодний праздник с Дедом Морозом и подарками — это...
6) Маленький шестиконечный кристалл льда — это...
7) Украшение для верхушки ёлки — это...
8) Орехи, родина которых вовсе не Греция, — это...

---

[1] Отли́чник — ученик или студент, который получает только самые лучшие оценки.

Первые советские новогодние ёлки

Слова для справок: ледокол, ёлочный базар, звезда, ёлка, снежинка, отличник, грецкие орехи, самодельные игрушки.

2. Восстановите видовые пары глаголов.

продолжать — …	… — назвать
отходить — …	… — перестать
вести — …	… — закрыться
выпускать — …	… — возродить
ставить — …	… — появиться
украшать — …	… — заменить
оставаться — …	… — устроить
проходить — …	… — занять
встречать — …	… — перейти

Составьте словосочетания или предложения с каждым из этих глаголов.

3. Дополните предложения словами из текста.

1) В первые годы после революции в России ещё продолжали…
2) Но постепенно новая власть отходила от старых традиций, и в 1927 году…
3) В стране перестали…
4) Наряжали ёлку самодельными игрушками: …
5) И хотя до Нового года оставалось только три дня…
6) В Колонном зале всегда проходили самые лучшие новогодние праздники: зал украшали…
7) С 1948 года 1 января стал…

А знаете ли вы, что…

* В конце 1920-х годов вышла специальная инструкция по организации советских праздников, в которой критиковалось Рождество: «Бытовая обстановка рождественского праздника вредно действует на здоровье и воспитание детей: святочные рассказы с чертовщиной; дым и газ от ёлки; пьяные крики гостей...» Газеты призывали своих читателей: «Теперь мы все должны бороться против ёлки!», а сам праздник Рождества называли «вредной поповской сказкой».

* В декабре 1935 года было опубликовано специальное «Пособие для партийных и комсомольских ячеек» по организации Нового года. В нём говорилось: «Новогодняя ёлка должна быть праздником радостного и счастливого детства, созданного в нашей стране огромными заботами партии, правительства и лично товарища Сталина о детях».

Поговорим?

В вашей стране принято украшать ёлку? Делали ли вы ёлочные игрушки своими руками?

Если бы вы были дизайнером, какими игрушками вы бы украсили ёлку?

Как вы думаете, как может выглядеть ёлка XXII века? Чем она может быть украшена? Опишите или нарисуйте её.

ДЕД МОРОЗ И СНЕГУРОЧКА

Посмотрите в словаре значение слов:

нетерпе́ние, персона́ж, гро́зный, суро́вый, превраща́ть/преврати́ть (*кого?/ что? в кого?/во что?*), прообраз, вышива́ть/вы́шить, льняно́й, шерстяно́й, рукави́цы, по́яс, орна́мент, та́ять/раста́ять, сюже́т.

Главный герой новогоднего праздника — это, конечно, Дед Мороз. Его с нетерпением ждут все дети, ведь Дед Мороз всегда дарит именно то, о чём мечтает ребёнок.

Дед Мороз — собирательный образ, в нём есть черты многих русских фольклорных персонажей. В сказках это великан Моро́зко, в были́нах[1] — дед Треску́н или страшный Карачу́н, Зи́мник или Мороз, в мифах — зимнее божество Дед. Все эти существа были очень грозными и суровыми: превращали воду в лёд, замораживали поля и леса, покрывали снегом землю.

В середине XIX века Дед Мороз появился в литературных произведениях, а к 1910 году — на детских рождественских праздниках.

Строгого, но справедливого старика с длинной седой бородой, который приходил на ёлку к детям, называли чаще всего Рождественским Дедом. Со временем Рождественский Дед стал добрее и начал дарить детям подарки, как европейский Санта-Клаус (его прообразом стал святой Николай, который всегда помогал добрым людям и путешественникам).

Дед Мороз — высокий и сильный, как русский богаты́рь[2]. Он не курит и, в отличие от западных коллег, не носит очки. На новогодний праздник Дед Мороз обычно приезжает на тройке лошадей, но иногда приходит пешком или на лыжах.

Настоящий Дед Мороз следит не только за своей физической формой, но и за внешним видом. Вот какой должна быть одежда Деда Мороза (по традиции XIX века):

---

[1] Были́на — песня русского народного эпоса о богатырях.

[2] Богаты́рь — герой былин, который защищает русскую землю; так называют сильного, высокого человека.

- синяя или белая шуба с вышитыми серебряными звёздами;
- белая льняная рубашка и белые брюки (белый цвет был символом чистоты и святости);
- белые шерстяные рукавицы;
- белый пояс с красным орнаментом (красный цвет считался символом связи с предками);
- синяя или белая шапка (с традиционно круглым верхом);
- белые или красные сапоги (в сильные морозы Дед Мороз надевает белые ва́ленки[1]);

Главный Дед Мороз России живёт в городе Великий У́стюг, в большом деревянном те́реме[2]. К нему можно приехать в гости или написать письмо. Вот адрес:

162340 Россия,
Вологодская область,
г. Великий Устюг,
Деду Морозу
e-mail: ded_moroz@vologda.ru

А 18 ноября можно поздравить дедушку с днём рождения. Эту дату выбрали сами дети: они решили, что именно этот день — начало настоящей зимы.

70 лет назад у Деда Мороза появилась помощница — Снегурочка. Снегурочка — персонаж русской сказки. Это девочка, которую сделали из снега бездетные дед с бабой и которая затем ожила. Когда наступило лето, Снегурочка пошла погулять и поиграть с подругами. И вслед за всеми прыгнула через костёр. Прыгнула... и растаяла.

Писатель А.Н. Островский в 1873 году написал по сюжету этой сказки пьесу, а через несколько лет композитор Н.А. Римский-Корсаков — оперу. После этого Снегурочку, героиню оперы, начали изображать на рождественских и новогодних открытках, в книжных иллюстрациях, её фигурками стали украшать ёлку.

В роли помощницы Деда Мороза Снегурочка впервые появилась на новогоднем празднике в 1937 году в Колонном зале Дома союзов. Её сразу стали считать внучкой Деда Мороза, хотя в пьесе Островского она — дочка Мороза и Весны.

---

[1] Ва́ленки — традиционная русская зимняя обувь из шерсти.
[2] Те́рем — в Древней Руси высокий жилой деревянный дом.

Дед Мороз и Снегурочка

С тех пор каждый Новый год Снегурочка помогает дедушке доставлять подарки на праздник и поздравлять детей. И в каждом доме под ёлкой куклы Деда Мороза и Снегурочки всегда стоят рядом.

1. Черты каких фольклорных персонажей есть в образе Деда Мороза?
2. Что общего между этими персонажами?
3. Как выглядит Дед Мороз? Как он должен быть одет?
4. Где живёт главный Дед Мороз России?
5. Кто такая Снегурочка?
6. Какой сказочный сюжет использовал А.Н. Островский для своей пьесы?

Упражнения

1. **Восстановите цепочку: существительное (*что?*) — прилагательное (*какой?*) — наречие (*как?*).**

   Модель: **мороз — морозный— морозно**

...	...	холодно
тепло	...	...
...	ветреный	...
...	...	солнечно
жара	...	...
...	...	дождливо
...	облачный	...

2. **Прочитайте текст, заменив условные значки соответствующими словами в правильной форме.**

Что такое настоящая русская зима? Это ❄, и ☀. К сожалению, сейчас зимой в России уже не так 🧣, как раньше. Иногда в декабре ещё идут 🌧, и только в январе выпадает ❄. Зимой в России обычно бывает ☁ или ☁, ☀ светит нечасто. ☀ появляется тогда, когда температура доходит до минус 10 – минус 20. И сразу вспоминаются стихи великого русского поэта Пушкина: « и ☀ — день чудесный!»

Слова для справок: солнце, солнечно, пасмурно, дождь, облачно, снег, мороз, холодно.

3. Посмотрите на рисунок и скажите, что в облике этого Деда Мороза не соответствует традиции XIX века?

4. Сделайте подписи к рисункам.

... или ...

Слова для справок: снеговик, снежинка, снежная баба, снегурочка, подснежник, снежная крепость, играть в снежки, снегопад, снегирь.

5. Соответствуют ли эти высказывания информации текста? Если нет, исправьте ошибки.

1) Деда Мороза с нетерпением ждут все дети.
2) Дед Мороз носит очки и иногда курит.
3) На новогодний праздник Дед Мороз всегда приезжает на русской тройке.
4) По традиции XIX века Дед Мороз должен быть одет в красную шубу, красные брюки и белые сапоги.
5) Дед Мороз живёт в городе Великий Новгород.
6) 170 лет назад у Деда Мороза появилась помощница — Снегурочка.
7) Оперу «Снегурочка» написал композитор П.И. Чайковский.

А знаете ли вы, что...

❋ В «Детских сказках дедушки Ири-
нея» (1840) В.Ф. Одоевского Мороз
Иванович — «седой старик», который живёт в ледяном доме, а спит
на снежной перине. Мороз в поэме
Н.А. Некрасова «Мороз, Красный
нос» (1863) может «кровь вымора-
живать в жилах и мозг в голове ле-
денить». А Морозко в одноимённой
сказке живёт в зимнем лесу в большом тереме. Он помогает добрым
людям, награждает трудолюбивых,
а злых и ленивых может наказать.

Морозко

❋ Дед Мороз очень серьёзно отно-
сился к поясу, который служил
о́берегом (оберегал, защищал от
нечистой силы). Пояс по русской традиции должен был дважды обора-
чивать тело и завязывался, как правило, двумя узлами слева — с той стороны, где, по поверьям, находится «нечистая сила».

❋ Город Великий У́стюг был основан в начале XIII века в устье реки Юг,
и назывался в те времена У́сть-Юг. Когда У́сть-Юг стал крупным торго-
вым центром, в названии появилось второе слово — Великий.

Поговорим?

Какое время года вам нравится больше всего? Почему? Какой ваш любимый
месяц?

Какая погода бывает обычно в вашей стране зимой, весной, летом, осенью?

Попробуйте сами придумать новогодние стихи. Может быть, вам помогут эти
рифмы:

........................Новый год
........................к нам идёт.
........................поздравляем!
........................вам желаем!

Или эти:

.... Дед Мороз
........................нам принёс.
........................весело!
........................с песнями!

О чём бы вам хотелось попросить Деда Мороза в следующем году? Напишите ему письмо.

СОВРЕМЕННЫЕ НОВОГОДНИЕ ЁЛКИ

Посмотрите в словаре значение слов:

моти́в, ажиота́ж, за́мок (*мн. ч. за́мки*), снима́ться (*где?*), ро́зыгрыш.

В наши дни «главные» московские ёлки проходят в Кремле, в Колонном зале Дома союзов, в **храме Христа́ Спаси́теля**, в мэрии, в **Гости́ном Дворе́**, в Старом и Новом цирках. Там дети смотрят представление, получают подарки, участвуют в играх и конкурсах и, конечно, водят вокруг ёлки хоровод. Ёлка в Кремле — это настоящий праздник и незабываемые впечатления!

Новогодние ёлки устраивают в каждой школе и в каждом детском саду. Организация праздника зависит от фантазии учителей и самих школьников. Чаще всего ребята ставят спектакли по мотивам русских народных сказок («Морозко», «Снегурочка» и т. д.), литературных сказок («Золушка», «Двенадцать месяцев» и т. д.) или придумывают что-нибудь сами. В конце декабря в школах начинается ажиотаж — и для детей, и для учителей, и для родителей. Бабушки шьют костюмы, мамы бегают по знакомым в поисках какой-нибудь коробки из-под холодильника, а папы после работы превращают эту коробку в за́мок Снежной королевы или избушку Ба́бы-яги[1] для школьного спектакля.

Раньше в школах и детских садах сами учителя или воспитатели изображали и Деда Мороза, и Снегурочку. Сейчас обычно приглашают артистов, которые профессионально развлекают детей. Новогодние дни — самые «горячие» для Дедов Морозов. Один известный артист рассказывает, что в молодости, ещё в советское время, его пригласили сниматься в Голливуд. Но, узнав, что съёмки начинаются в декабре, он отказался: «Не могу, у меня ёлки!»

---

[1] Ба́ба-яга́ — злая и безобразная старуха, персонаж русских народных сказок.

Современные новогодние ёлки

В последнее время вошли в моду корпоративные новогодние праздники в стиле детских ёлок: с Дедом Морозом, Снегурочкой, весёлыми конкурсами и розыгрышами. Ведь Новый год — это время, когда даже взрослые становятся немного детьми.

1. Где проходят «главные» ёлки Москвы?
2. Как на этих праздниках развлекают детей?
3. Как отмечают Новый год в российских школах?
4. Почему Новый год — «горячее» время для артистов, которые играют Деда Мороза?

Упражнения

1. Найдите лишнее выражение.

водить

- машину
- хоровод
- собаку на поводке
- экскурсии по городу
- ребёнка в школу
- дочку за руку
- жену за ногу
- мужа за нос

2. Восстановите цепочку: *глагол НСВ — глагол СВ — существительное*.

появляться	…	…
получать	…	…
…	…	представление
…	…	впечатление
… …	поискать	
…	превратить	…
изображать	…	…
…	пригласить	…
развлекать	…	…
…	отказаться	…

3. Какие из этих реплик мог бы сказать человек слева? А какие — человек справа? Какие выражения не подходят ни одному, ни другому?

Здо́рово! Нормально. Скучно. Классно! Необычно. Я в восторге! Тоска зелёная. Потрясающе! Ничего интересного. Не впечатляет. Интересно. Потеря времени. Великолепно! Ничего. Тоска. Незабываемо! Так себе. Отлично! Скукотища. Ужасно! Ничего особенного. Кошмар! Впечатляет! Я не в восторге. Невероятно! Скука смертная. Неинтересно.

Как вы думаете, в ответ на какие вопросы можно услышать эти реплики?

4. Какие предметы могут находиться в за́мке Снежной королевы? А какие — в избушке Бабы-яги?

печь
кондиционер
плита
холодильник
сковородка
лыжи
микроволно́вая печь
дрова
электрообогреватель
санки
спички
коньки
зажигалка

Поговори́м?

В вашей школе устраивали новогодние праздники? Как они проходили?

Вы участвовали когда-нибудь в школьном спектакле? Если да, то в какой роли?

Как вы думаете, какие литературные произведения можно инсценировать к празднику Нового года? Если бы вы были режиссёром, какой новогодний фильм вы бы сняли? Перескажите коротко (или напишите) сюжет этого фильма.

НОВЫЙ ГОД — ЛЮБИМЫЙ ПРАЗДНИК РОССИЯН

Посмотрите в словаре значение слов:

пансиона́т, гусь, инде́йка, теля́тина, свини́на, ветчина́, тост, приме́та, чо́каться/чо́кнуться (*чем? с кем?*), взрыва́ться/взорва́ться, пета́рды.

Молодые россияне любят встречать Новый год в компаниях — «тусо́вках», в клубах и даже просто на улице с друзьями. В Москве молодёжь собирается в новогоднюю ночь на площадях города: Красной, Лубянской, Театральной, Тверской и др. Везде стоят ёлки, но самая большая и красивая — на Красной площади, главной площади страны. В центре города проходят концерты популярных музыкальных групп, молодые люди знакомятся, танцуют. В пол-

ночь, с последним ударом курантов — часов на Спасской башне Кремля, начинается салют. Веселье продолжается до утра.

С каждым годом растёт число россиян, которые уезжают в путешествие за границу или по России и там отмечают праздник. Многие любят встречать Новый год «на природе» (в доме отдыха, в пансионате или на даче), а также с друзьями в клубе, в ресторане или в гостях.

Но большинство россиян (по данным статистики, около 80 %) по традиции отмечают праздник дома: украшают ёлку и встречают Новый год за праздничным столом. К праздникам в России всегда готовят много разных блюд, но новогодний стол — особенно богатый. Вот что бывает на столе почти всех россиян в новогоднюю ночь:

- разные салаты (обязательно **оливье́**);
- разные овощи и фрукты (обязательно мандарины);
- горячие блюда (курица, гусь, индейка, рыба, телятина, свинина);
- пироги и пирожки;
- различные колбасы, ветчина, **холоде́ц**;
- соленья (солёныс грибы, огурцы, помидоры);
- **селёдка «под шу́бой»**;
- разнообразные алкогольные напитки (и обязательно шампанское).

Садятся за стол часов в 10—11, чтобы проводить старый год, вспомнить всё хорошее, что в нём было. Обычно не пьют без тоста, говорят хоть несколько слов: «пусть всё хорошее перейдёт в новый год, а всё плохое останется в старом», «пусть новый год будет лучше старого» и т. д. Самый популярный тост, причём не только новогодний — «Будем здоровы!» или просто «За здоровье!».

По телевизору в это время идёт «Голубой огонёк» — традиционный новогодний концерт. За несколько минут до полуночи главные телеканалы передают выступление президента, в котором он поздравляет россиян с праздником. Затем на экранах появляются куранты, которые отсчитывают последние секунды старого года. Есть традиция: под каждый удар курантов загадывать желания. После двенадцатого удара все поздравляют друг друга: «С Новым годом! С новым счастьем!» — и чокаются бокалами с шампанским. Существует новогодняя примета: первый бокал в новом году нужно выпить до дна (до конца), чтобы не оставить на дне своё счастье.

Сразу после полуночи во дворах начинается «стрельба»: молодёжь фейерверками встречает Новый год. Почти до утра взлетают ракеты и взрываются петарды. В конце концов, мечта Петра I исполнилась: в России встречают Новый год с ёлкой, фейерверками и, самое главное, весело!

1. Где россияне встречают Новый год?
2. Какие блюда обычно готовят в России к Новому году?
3. Как «провожают» старый год?
4. Какой тост — самый популярный в России?
5. О какой новогодней примете вы узнали из текста?
6. Почему можно сказать, что мечта Петра I исполнилась?

Упражнения

1. **Впишите по горизонтали слова, и тогда вы сможете прочитать по вертикали древнерусское название нового года.**

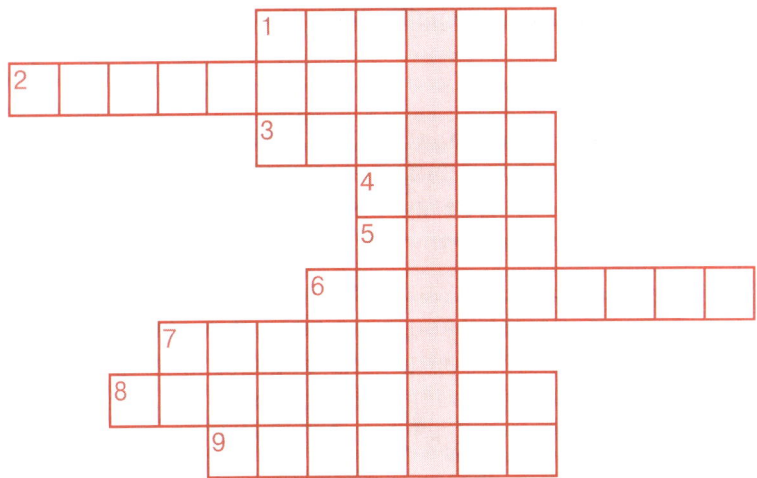

1. Телевизионный новогодний концерт называется «Голубой...»
2. Традиционный новогодний напиток.
3. Салат, который часто готовят к праздничному столу в России.
4. «Будем здоровы!» — это...
5. Дерево, которое украшают к Новому году.
6. Россиян по телевидению поздравляет с праздником...
7. Часы, которые находятся на Спасской башне Кремля.
8. Фрукты, которые почти всегда присутствуют на новогоднем столе.
9. Первый бокал шампанского в новом году надо выпить до дна — это новогодняя...

2. Замените выделенные слова словами из текста.

1) В Москве **молодые люди встречаются** в новогоднюю ночь на площадях города: Красной, Лубянской, Театральной, Тверской.

2) В центре города **выступают известные музыкальные группы**, молодые люди знакомятся, танцуют.

3) Веселье **длится** до утра.

4) Но **бо́льшая часть** россиян по традиции отмечают праздник дома: **наряжают** ёлку и встречают Новый год за праздничным столом.

5) Есть **обычай**: **с каждым ударом** курантов загадывать желания.

6) Сразу после **12 часов ночи** во дворах **начинают «стрелять»: молодые люди** фейерверками **встречают** Новый год.

7) В конце концов, мечта Петра I **сбылась**: в России **празднуют** Новый год с ёлкой, фейерверками и, самое главное, весело!

3. Восстановите видовые пары глаголов.

встречать — ...   ... — проводить

собираться — ...   ... вспомнить

знакомиться — ...   ... — перейти

начинаться — ...   ... — остаться

уезжать — ...   ... — выпить

украшать — ...   ... — оставить

Составьте словосочетания или предложения с каждым из этих глаголов.

А знаете ли вы, что...

✳ Уже более 30 лет накануне нового года по телевидению идёт один из самых любимых фильмов россиян — лирическая комедия Эльдара Рязанова «Ирония судьбы, или С лёгким паром!» Этот фильм стал новогодней традицией и обязательным атрибутом праздника.

✳ До сих пор россияне празднуют Новый год по двум календарям: по новому, григорианскому, в ночь на 1 января и по старому, юлианскому, в ночь на 14 января. Если Новый год по традиции встречают дома, в семье, с родственниками, то Старый Новый год — обычно в компании друзей, сослуживцев, в гостях, в клубе или ресторане.

Поговорим?

Как встречают Новый год в вашей стране?

Готовят ли к Новому году какие-нибудь особые блюда? Какие? Какие тосты произносят за праздничным столом?

Расскажите, как вы встретили последний Новый год.

Появились ли какие-нибудь новые обычаи этого праздника у вас на родине? Расскажите о них.

Представьте, что вы — астролог. Расскажите, как надо встретить наступающий Новый год, чтобы он был удачным. Составьте «гороскоп» для своих друзей на будущий год.

НОВОГОДНИЕ ПОДАРКИ

Посмотрите в словаре значение слов:

расстра́ивать/расстро́ить (*кого?*), спра́вочник, кру́жка, ра́мка, портмоне́, блок-но́т, спиртно́й напи́ток, ювели́рный.

Новый год — это ёлка, Дед Мороз, Снегурочка и, конечно, подарки! Подарки любят получать все: и взрослые, и дети. Особенно дети. Кажется, выбрать подарок несложно: в магазинах всё есть. Но, оказывается, некоторые подарки могут детей расстроить. Например, такие:

- учебные справочники по школьным предметам;
- умные книжки типа «Как правильно вести себя за столом» или «Как стать настоящим джентльменом»;
- одежда (обрадуются одежде только подростки, как правило, девочки);
- сувениры, в которые нельзя играть, а можно только поставить на полку;
- практичные вещи вроде кружек или рамок для фотографий;
- школьные принадлежности (ручки, тетради, карандаши);
- детская косметика (наборы детского мыла, шампуней и гелей для душа);
- наборы для детского творчества «Сделай сам» также обрадуют не каждого ребёнка.

А что дарят друг другу взрослые? По данным социологических опросов, россияне дарят своим близким к Новому году:

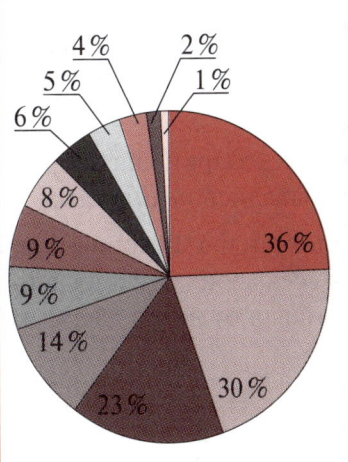

- сувениры (портмоне, блокноты, еженедельники, фигурки животного-символа наступающего года по восточному календарю и т. д.);
- спиртные напитки и конфеты;
- парфюмерию и косметику;
- книги;
- CD и DVD;
- цветы;
- одежду и обувь;
- деньги;
- мобильные телефоны;
- ювелирные украшения;
- билеты в театр;
- бытовую технику.

1. Какие новогодние подарки вряд ли понравятся детям?
2. Какие новогодние подарки наиболее популярны у взрослых россиян?

Новогодние подарки

Упражнения

1. Восстановите видовые пары глаголов.

получать — ...   ... — выбрать
играть — ...   ... — расстроить
дарить — ...   ... — поставить

Составьте словосочетания или предложения с каждым из этих глаголов.

2. Напишите (или нарисуйте), что можно купить в следующих отделах магазина:

- «Подарки, сувениры»;
- «Одежда»;
- «Обувь»;
- «Канцтовары»;
- «Спорттовары»;
- «Игрушки»;
- «Бытовая техника»;
- «Косметика»;
- «Посуда».

А знаете ли вы, что...

✱ Первыми новогодними подарками были ветви священных деревьев, которые древние жрецы — служители божества — дарили людям с пожеланием благополучного года.

✱ Древние римляне были обязаны дарить новогодние подарки своему императору. Это продолжалось до тех пор, пока папа Лев I Великий не отменил эту обязанность.

✱ По старинному русскому обычаю гость всегда приходил в дом с подарком. Такие небольшие подарки (обычно сладости или другое угощение) назывались *гостинцами*.

✱ В старину на Руси знатным людям дарили дорогие подарки «на добрую память»: коней, оружие и т. д. Такие подарки назывались *поминками*.

✱ Император Николай I подарил своей супруге Александре Фёдоровне на новый 1826 год Ропшинскую усадьбу. Одаривая всех своих близких действительно по-царски, сам император не признавал от детей никаких подарков, кроме нарисованных ими картин.

Поговорим?

Что вы больше любите: дарить подарки или получать?

О каком подарке вы мечтали в детстве? Вы получили этот подарок? А о каком подарке вы мечтаете сейчас?

В русском языке есть пословица: «Дорог не подарок, дорого внимание». Как вы понимаете её смысл?

НОВОГОДНИЕ ПРИМЕТЫ

Посмотрите в словаре значение слов:

щéдрый, долг, при́быльный, чихáть/чихнýть.

В России говорят: как встретишь Новый год, так его и проведёшь. Поэтому с этим праздником всегда было связано много примет. Вот самые известные из них.

Считается, что Новый год будет счастливым и удачным, если встретить его весело и радостно. Чем больше гостей приходит в дом, тем больше приятного должно случиться в будущем году. Раньше верили, что если 1 января первым войдёт в дом мужчина — это хорошая примета. Если первой входила женщина — считалось, что это к несчастью.

Если в ночь на 1 января сильный мороз и идёт небольшой снег — это значило, что в новом году будет хороший урожай и все будут здоровы, а если тепло и без снега — это, наоборот, к неурожаю и болезням.

Новогодний стол обязательно должен быть богатым и щедрым, чтобы таким и был наступающий год. Вечер перед Новым годом в старину так и назывался — щедруха. В некоторых областях к Новому году не принято было готовить птицу: считалось, что «счастье улетит из дома». А в других местах птица (курица, утка или индейка) на новогоднем столе была, наоборот, хорошей приметой: считалось, что если съесть птицу — человек будет здоров весь следующий год.

Девушкам, которые в новом году хотели удачно выйти замуж, нужно было несколько раз переодеться в самую лучшую и красивую одежду.

До сих пор считается плохой приметой, если в Новый год поругаться или поссориться. В этот день стараются не делать тяжёлую и грязную работу, чтобы её не было в наступающем году. Не принято в Новый год брать деньги в долг или отдавать долги, чтобы не делать этого в следующем году. И наоборот, хорошей приметой считается, когда вам отдают в этот день деньги: говорят, что год будет прибыльным.

Считалось, что больше всего повезёт тому, кто чихнёт: «в новогодье чихнуть — со счастьем поздороваться». Так что — чихайте на здоровье!

1. О каких хороших новогодних приметах вы узнали из текста?
2. А какие приметы считались плохими?
3. Почему новогодний стол должен быть обязательно богатым?
4. Как встречали Новый год девушки, которые хотели удачно выйти замуж в наступающему году?
5. Какая новогодняя примета считалась самой лучшей?

Упражнения

1. Напишите антонимы.

встречать — ...   богатый — ...
известный — ...   щедрый — ...
раньше — ...   лучший — ...
первый — ...   поссориться — ...
войти — ...   тяжёлый — ...
сильный — ...   грязный — ...
здоровый — ...   брать — ...
тепло — ...   поздороваться — ...

Составьте словосочетания или предложения с каждым из этих слов.

2. Дополните предложения по модели.

Модель: **Если новогодний стол богатый — это к благополучию в следующем году.**

1) Если 1 января первым войдёт в дом мужчина — это к...
2) Если в ночь на 1 января сильный мороз и идёт небольшой снег — это к...
3) Если на новогоднем столе много различных блюд — это к...
4) Если в Новый год несколько раз переодеться в самые красивые платья —
это к...
5) Если в Новый год мыть пол в доме — это к...
6) Если в Новый год взять деньги в долг — это к...
7) Если в новогоднюю ночь чихнуть — это к...

А знаете ли вы, что...

✳ Плохой приметой считается свистеть в доме: говорят, что денег в доме не
будет.

✳ Если у человека вдруг покраснели уши, считается, что его кто-то ругает
или над ним смеются.

✳ Если чешется нос — говорят, что это к скорой выпивке, а если чешется
рука — к деньгам. Если чешется правая рука — предстоит получать деньги, а если левая — отдавать.

✳ Если со стола упала вилка, говорят, что скоро придёт женщина, а если
нож — придёт мужчина.

✳ Встретить чёрную кошку считалось плохой приметой не только на Руси:
люди верили, что в чёрных кошек вселялись ведьмы. Если чёрная кошка перебегала дорогу, говорили: «пути не будет» — и предпочитали пойти другой дорогой.

✳ Рассыпать соль — к ссоре. Эта примета связана с тем, что в старину на
Руси соль стоила очень дорого, так как её привозили издалека. Поэтому
на человека, который просыпал соль, могли обидеться. Хозяин обычно

ставил солонку рядом с самым почётным гостем. А незваному гостю её вообще могли не предложить. Отсюда пошло выражение «уйти несо́лоно хлеба́вши», т. е. уйти, не получив угощения, внимания или помощи.

Поговорим?

Какие приметы существуют в вашей стране? Есть ли среди них новогодние?
А вы верите в приметы? Может быть, у вас есть «свои» счастливые приметы, которые приносят удачу именно вам?
Придумайте сами первую часть «примет»:
… — это к скорой вечеринке.
… — это к свадьбе.
… — это к романтическому свиданию.
… — это к переменам в жизни.
… — это к неприятностям.
… — это к насморку.
… — это к неудаче на экзамене по русскому языку.

РОЖДЕСТВО ХРИСТОВО

Посмотрите в словаре значение слов:

соблюда́ть/соблюсти́ (*что?*), пе́репись (*кого? чего?*), пеще́ра, кла́няться/поклони́ться (*кому? чему?*), пасту́х, маке́т, разма́чивать/размочи́ть (*что?*), зерно́ (*мн. ч.* зёрна), пшени́ца, мак, минда́ль, за́пах, па́хнуть/запа́хнуть (*чем?*), печь/испе́чь (*что?*).

Рождество Христово — один из главных и любимых христианских праздников. Православные христиане отмечают церковные праздники по юлианскому календарю, поэтому Рождество в России празднуют 7 января.

В 1991 году Рождество вернулось в календарь официальных праздников России. И с каждым годом всё больше россиян отмечают этот праздник: соблюдают Рождественский пост, посещают праздничную церковную службу. Пост — это время молитвы, духовного и телесного очищения (во время поста нельзя есть пищу животного происхождения: мясо, птицу, молоко, масло, яйца). Обычно посты

В. Шебуев.
«Рождество Христово»
(фрагмент). 1847 г.

предшествуют большим христианским праздникам и подготавливают верующего к торжеству.

Праздник Рождества — это праздник рождения Иисуса Христа, Сына Божьего. Как сказано в Ева́нгелии[1], родился Иисус чудесным образом от Девы Марии, которую с тех пор называют Богородицей. Мария с мужем Иосифом пришли в небольшой **иуде́йский** городок Вифлеем на перепись населения. Мест в гостиницах уже не было, поэтому им пришлось остановиться на ночлег в пещере недалеко от города. Там и появился на свет Иисус. Первыми пришли поклониться Иисусу простые пастухи. Затем в пещеру пришли с дарами волхвы́ — древние мудрецы, которые уже знали о скором приходе на землю Сына Божьего. Дорогу им указала звезда, которую с тех пор называют Вифлеемской.

Вифлеемская звезда и верте́п — макет пещеры с фигурками младенца Иисуса, Марии, Иосифа, пастухов и волхвов — стали символами Рождества. Позже звездой стали украшать верхушку рождественской ёлки, а в память о дарах волхвов — дарить детям подарки.

Последний день Рождественского 40-дневного поста, канун Рождества (день накануне праздника), называется соче́льником. В этот день верующие едят со́чиво — размоченные в воде зёрна пшеницы с мёдом — или просто хлеб с водой. В старину в это блюдо добавляли маковый или миндальный сок, отсюда и происходит слово «сочиво».

Рождество на Руси отмечали традиционно в кругу семьи. «Был на свете самый чистый и светлый праздник, — писал поэт Александр Блок, — он был воспоминанием о золотом веке, высшей точкой того чувства, которое теперь уже на исходе, — чувства домашнего очага́»[2]. Рождественским утром всё вокруг чудесным образом менялось: настроение, звуки, запахи. Детям наконец разрешали войти в комнату, где стояла украшенная ёлка, а под ней лежали подарки. Взрослые поздравляли друг друга с праздником. В доме пахло пирогами — их обязательно пекли к Рождеству. И готовили множество блюд из свинины: домашние колбасы,

---

[1] Ева́нгелие – часть Библии, где рассказывается о жизни и учении Иисуса Христа.
[2] Дома́шний оча́г – символ дома, семьи.

ветчину, холодец, жареного поросёнка с гречневой кашей (поэтому время от Рождества до Масленицы называли мясоедом). На столе также была птица: гусь, утка, курица или индейка. Птица считалась символом жизни, люди верили: если съесть птицу, можно продлить себе жизнь.

1. Когда в России отмечают Рождество?
2. Что такое пост?
3. Каковы символы Рождества? С какими евангельскими событиями они связаны?
4. Какое чувство, по словам Блока, определяло атмосферу празднования Рождества?
5. Почему рождественское утро считали в старину чудесным?
6. Почему время от Рождества до Масленицы называли раньше мясоедом?

Упражнения

1. Решите кроссворд.

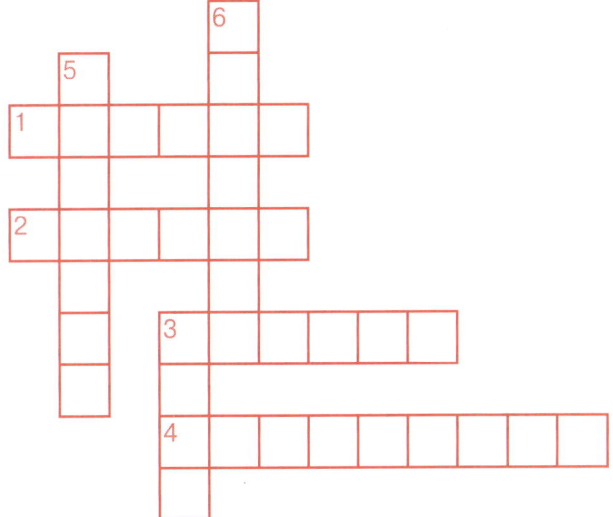

По горизонтали:
1. Один из символов Рождества, которым украшают верхушку ёлки.
2. Месяц празднования православного Рождества.
3. Их пекут в России почти ко всем праздникам.
4. День перед праздником Рождества.

По вертикали:
3. Время духовного и телесного очищения верующего.
5. Блюда из этого мяса готовили к рождественскому столу.
6. Их стали дарить детям к Рождеству.

Святочные обряды и традиции

2. Соответствуют ли эти высказывания информации, данной в тексте? Если нет, исправьте ошибки.

1) Рождество в России отмечают 25 декабря.
2) Во время поста нельзя есть мясо и яйца, но можно пить молоко.
3) Вифлеемская звезда и вертеп стали символами Рождества.
4) День после Рождества называется сочельником.
5) Сочиво — это ритуальное блюдо, которое едят на Рождество.
6) Отмечали Рождество обычно в гостях.
7) В старину на рождественском столе было много блюд из свинины.

А знаете ли вы, что...

✳ В начале IV века в Римской империи христианство стало законной религией. Церковь не одобряла празднование языческих Сатурналий — «дня рождения Непобедимого Солнца». Поэтому праздник Рождества Христова, который отмечали 6 января, перенесли на 25 декабря, «наложив» его по времени на народные торжества.

✳ Сочиво и взвар (сваренные в воде яблоки, груши, изюм, сливы и другие фрукты) — ритуальные блюда. Сочивом или кутьёй называли постную (сваренную без молока и масла) кашу из цельных зёрен. Кутью едят, в частности, на поминках (при поминовении усопших), а взвар раньше пили на роди́нах (на праздновании рождения ребёнка). Эти блюда в Рождественский сочельник символически напоминали о рождении Христа и его смерти.

Поговорим?

В вашей стране отмечают Рождество? Расскажите о традициях этого праздника.
Готовят ли какие-нибудь специальные блюда к этому дню? Какие?
Принято ли у вас на родине дарить к Рождеству подарки? Какие?
Какой рождественский подарок вы хотели бы получить?

СВЯТОЧНЫЕ ОБРЯДЫ И ТРАДИЦИИ

Посмотрите в словаре значение слов:

угоще́ние, наизна́нку (*как?*), шу́ба, цыга́н, посре́дник, разлу́ка.

Рождественские праздники продолжались две недели — до дня Крещения (19/6 января). Это время раньше называли святыми днями или святыми вечерами, а потом просто Святками. Поэтому традиции праздника, его обряды называются святочными. Многие святочные обряды имеют языческую основу, на которую позднее повлияла христианская традиция.

К. Трутовский. «Колядки в Малороссии». 1864 г.

Основным святочным обрядом было **колядова́ние**. Колядовали в основном молодые парни. Они обходили дома и под окнами пели коля́дки — обрядовые песни, в которых желали семье и дому благополучия. За колядки было принято давать награду — деньги или что-нибудь вкусное. Среди колядующих был даже специальный «носитель» мешка для угощения — мехоноша. Иногда для колядования переодевались (рядились), поэтому участники этого обряда назывались ря́жеными. Ряженые изображали медведя (надевали наизнанку шубу), одевались цыганами, солдатами, иногда мужчины переодевались в женское платье, а женщины — в мужское.

На западе и северо-западе России в первый день рождественских праздников в каждый дом приходили сла́вильщики — группы детей или молодёжи, которые носили вертеп с рождественской звездой, песнями славили Христа и поздравляли хозяев с праздником. В некоторых районах по домам ходили мальчики-посева́льщики: они разбрасывали в доме зёрна и пели песни с пожеланием богатого урожая в будущем году.

В старину участники обрядов колядования, посевания, ряженья считались посредниками между миром людей и миром природы. Люди верили, что от настроения этих «посредников» зависит благополучие дома. Поэтому колядо́вщиков, посевальщиков и ряженых хорошо встречали и угощали.

В некоторых областях России (в основном в деревнях) до сих пор жива традиция колядования. Парни и девушки ходят по домам с обрядовыми песнями, частушками[1] и шутками. По старому обычаю, в каждом доме их чем-нибудь угощают.

Часту́шка — фольклорное четверостишие или двустишие, обычно шутливое, в простой песенной форме.

Традиции праздника возрождаются и в городах: в это время проводятся фестивали классической музыки, открываются художественные выставки на тему Рождества, в некоторых школах и детских садах проходят театрализованные рождественские представления. К радости читателей, на страницы газет и журналов возвращаются рождественские, или святочные, рассказы. В XIX веке их публиковали к празднику почти во всех газетах и журналах, они были традиционным подарком читателям к Рождеству. Обычно эти истории имели счастливый конец: после долгой разлуки встречались любящие люди, кто-то чудесным образом выздоравливал от смертельной болезни, мирились враги, злые люди становились добрыми и т. д. Святочные рассказы были разными по настроению: добрыми и поучительными, печальными и ироническими, фантастическими и сентиментальными. Но все они передавали атмосферу Рождества, его главный мотив — ожидание чуда.

1. Как раньше назывались рождественские праздники?
2. Как в старину колядовали?
3. Что делали славильщики?
4. Кто такие посевальщики?
5. Как возрождаются рождественские традиции в городах?
6. Что такое святочный рассказ?

Упражнения

1. Продолжите ряд.

Ходить по домам, по магазинам, по музеям, ...
Петь колядки, частушки, романсы, ...
Желать благополучия, счастья, здоровья, ...
Давать награду, деньги, подарок, ...
Надевать шубу, пальто, свитер, ...

Встречать ряженых, друга, подругу, ...
После разлуки, урока, собрания, ...
Подарок читателям, другу, подруге, ...
Разные по настроению, по виду, по характеру, ...

2. Соответствуют ли эти высказывания информации, данной в тексте? Если нет, исправьте ошибки.

1) Почти все святочные обряды берут своё начало в язычестве.
2) Главным святочным обрядом было колядование.
3) Колядовали чаще всего молодые парни и девушки.
4) Хозяева обычно давали за колядку что-нибудь вкусное.
5) Участников обрядов колядования, посевания, ряженья хорошо встречали и угощали, потому что к ним относились как к посредникам между миром людей и миром ду́хов.
6) Иногда святочные истории имели счастливый конец.
7) В XIX веке их публиковали к празднику в некоторых газетах и журналах.

3. Придумайте и напишите небольшой святочный рассказ.

А знаете ли вы, что...

* Несмотря на то, что ряженье было обязательным святочным обрядом, в народе к нему относились по-разному. Ряженые символизировали «иной» мир, мир ду́хов, ведь они часто изображали «нечистую силу». Считалось, что для них это опасно, особенно для тех, кто надевал на лицо маску. По народным поверьям, если изменить внешность, меняется и сущность человека — он перестаёт быть самим собой и становится существом, которое изображает. Маску даже не хранили в доме, так как верили, что она может принести несчастье. Маски надевали в основном мужчины, а женщины-ряженые прятали лицо за платком или полотенцем. После Святок все участники увеселений (игрищ, гаданий и ряженья) умывались святой водой, чтобы очистить себя от воздействия «нечистой силы».

* В советское время «волшебство» рождественского рассказа перешло в другие жанры, в основном в кино. Появилось много новогодних мультфильмов и сказок, фильмов для детей и взрослых, где с героями происходили невероятные и чудесные приключения: «Морозко», «Новогодние приключения Маши и Вити», «Чародеи», «Ирония судьбы, или С лёгким паром!» и т. д.

Поговорим?

О каких старинных обрядах и традициях зимних праздников вашей страны вы знаете? Расскажите о них.

Есть ли у вас любимый фильм со счастливым концом, где с героями происходят чудесные приключения? Перескажите его коротко.

СВЯТОЧНЫЕ ПОСИДЕЛКИ И ГАДАНИЯ

Посмотрите в словаре значение слов:

са́нки, поро́г, замо́к (*мн. ч.* замки́), налива́ть/нали́ть (*что? куда?*), воск, остыва́ть/осты́ть, подко́ва, проявля́ть/прояви́ть (*что?*), разга́дывать/разгада́ть (*кого? что?*), ко́нтур, пету́х, клева́ть/клю́нуть (*кого? что?*).

В народе Святки считались молодёжным праздником. Взрослые уже на третий день после Рождества возвращались к своим обычным делам, а молодёжь полностью освобождалась от работы и развлекалась. Днём обычно катались на тройках и на санках, а по вечерам собирались на посиделки, или, как тогда говорили, вечерины. Парни и девушки большой компанией проводили вечера у кого-нибудь дома: беседовали, пели, играли. На посиделках парни присматривали себе невест. Больше шансов выйти замуж было у крепких, полных девушек: полнота была признаком здоровья и красоты.

Если девушка нравилась парню, устраивали смотрины. В дом невесты приходила «смотрительница» — мать жениха или какая-нибудь его родственница. Девушка встречала гостью в лучших нарядах, чтобы показать, что она хорошо шьёт и вышивает. Смотрительница беседовала с невестой, чтобы понять, насколько девушка умна и вежлива. В конце концов, если смотрительница целовала невесту в обе щёки, это значило, что скоро будет свадьба.

Чтобы хороший жених не отказался жениться, родственники невесты выполняли следующий обряд. Перед первым приездом жениха в дом невесты они клали под порог открытый замо́к. Когда жених переступал порог дома, этот замок закрывали на ключ, а ключ бросали в реку или в озеро. Считалось, что после этого обязательно будет свадьба и муж с женой будут жить вместе долго и счастливо.

А чтобы самим узнать свою судьбу, девушки гадали. Самыми популярными гаданиями были следующие.

Н. Пимоненко.
«Святочное гадание». 1888 г.

- В тарелку с водой наливали горячий воск. Воск остывал и принимал самые разнообразные формы. В зависимости от того, на что была похожа фигура, делали прогнозы на будущее. Если получилась подкова — считалось, что это к счастью; дом — к достатку; монеты — к богатству; звезда — к хорошему известию. Иногда приходилось проявить богатую фантазию, чтобы «разгадать» непонятный контур.

- Бросали за ворота обувь (в деревнях — валенок). Куда «показывал» носок обуви, оттуда и следовало ждать жениха. Если валенок упал носком к дому — ещё год придётся быть не замужем, или, как тогда говорили, сидеть в девках.

- Около полуночи девушке нужно было выйти из дома и спросить у первого встречного мужчины, как его зовут. Такое же имя будет и у её жениха.

- Приносили домой курицу и петуха и смотрели, как они себя ведут. Если петух ходил важно — муж будет строгий и сердитый. А если курица бегала за петухом — жена будет главной в доме. Если петух пил воду — муж будет пьяница, а если клевал зерно — в доме будет достаток.

1. Почему Святки считались в народе молодёжным праздником?
2. Что такое «смотрины»?
3. Для чего девушка встречала смотрительницу в своих лучших нарядах?
4. Зачем смотрительница беседовала с невестой?
5. Что делали родственники невесты, чтобы жених не отказался жениться?
6. Как можно было нагадать имя будущего жениха?

Упражнения

1. Продолжите ряд.

Кататься на лошадях, на санках, на лыжах, …
Собираться на посиделки, в гости, на концерт, …
Проводить вечер, время, каникулы, …
Устраивать смотрины, свадьбу, пикник, …
Беседовать с невестой, с женихом, с друзьями, …
Целовать девушку, дедушку, бабушку, …
Закрывать замо́к, глаза, книгу, …

2. Замените выделенные слова словами из текста.

1) Взрослые уже на третий день после Рождества возвращались к своим **повседневным** делам, а молодёжь **была целиком освобождена** от работы и **весело проводила время**.

2) Смотрительница **разговаривала** с невестой, чтобы **узнать**, насколько девушка умна и вежлива.

3) А чтобы самим узнать **своё будущее**, девушки гадали.

4) Иногда **надо было** проявить **богатое воображение**, чтобы «разгадать» **непонятное очертание**.

5) Куда «показывал» носок обуви, оттуда и **надо было** ждать жениха.

6) **Примерно в полночь** девушке нужно было выйти из дома и **узнать имя** первого встречного мужчины. **Так же будут звать** и её жениха.

7) Если петух пил воду — муж будет **алкоголик**, а если клевал зерно — в доме **будут деньги**.

3. Восстановите видовые пары глаголов.

возвращаться — ...   ... — выйти
развлекаться — ...   ... — показать
собираться — ...   ... — понять
проводить — ...   ... — отказаться
приходить — ...   ... — узнать
целовать — ...   ... — получиться
класть — ...   ... — проявить
бросать — ...   ... — упасть

Составьте словосочетания или предложения с каждым из этих глаголов.

А знаете ли вы, что...

✳ Слово *невеста* происходит от слова *ве́дать*, т. е. знать. Так называли незнакомую, неизвестную женщину, чужую для семьи жениха.

✳ Святки считались мистическим периодом, когда старый год уже закончился, а новый ещё не начался. Люди верили, что во время Святок мир символически создаётся заново, в нём нет порядка. Эти дни называли «временем без креста», когда можно делать то, что обычно нельзя, например, гадать — заглядывать в иной мир, чтобы узнать свою судьбу.

✳ Восточные славяне представляли процесс создания мира похожим на изготовление ткани из нити. Поэтому во время Святок было запрещено сматывать в клубок нитки, плести лапти, завязывать узлы, ткать, шить, вязать, т. е. делать то, что напоминало процесс творения мира. Люди верили, что эти действия могут нарушить мировую гармонию, и тех, кто не выполнял правила, ждало наказание. Считалось, например, что у женщин, которые шьют во время Святок, могут родиться слепые дети. Поэтому на святочные посиделки девушки никогда не брали с собой рукоделие.

✳ Только на святочных посиделках пели песни, которые сопровождались движением: парни и девушки ходили рядами, кругами, кланялись друг другу, целовались (игры с поцелуями разрешались только в Святки).

Поговорим?

Если бы вам предстояло выбрать невесту или жениха, на какие черты характера вы бы обратили внимание? А на какие внешние данные? Какой, по-вашему, должна быть хорошая жена? А хороший муж?

Знаете ли вы, как гадают в вашей стране?

ДЕНЬ ЗАЩИТНИКА ОТЕЧЕСТВА

Посмотрите в словаре значение слов:

ра́зовый, винто́вка, надёжность, бельё, ре́зкий, за́понки.

В конце зимы, 23 февраля, россияне празднуют День защитника Отечества. Праздник появился после революции и первоначально назывался Днём Красной армии. С начала 1918 года — времени создания Рабоче-крестьянской Красной армии — в стране проводились разовые военные праздники. Они проходили в разное время и назывались по-разному: «день винтовки», «день красноармейца-фронтовика», «день красного подарка». Эти праздники были агитационными — их задачей было привлечение рабочих и крестьян в ряды Красной армии, а также сбор средств (денег, обуви, одежды и т. д.) для армии и флота. Постоянная дата праздника — 23 февраля — была установлена позднее, в честь победы Красной армии над ка́йзеровскими[1] войсками Германии под городами Нарвой и Псковом (1918 год).

В 1946 году праздник переименовали в День Советской армии и Военно-морского флота, а в 1995 году — в День защитника Отечества.

23 Февраля давно перестал быть только профессиональным праздником военнослужащих. В этот день поздравляют всех мужчин, независимо от возраста. Дело в том, что в России действует закон о всеобщей воинской обязанности. Это значит, что каждый мужчина, достигший 18 лет, должен отслужить в армии, иначе говоря, стать защитником Отечества. Кроме того, защищать своих близких — одна из главных мужских задач. Не случайно многие российские женщины на вопрос социологов: «Какие качества вы больше всего цените в мужчинах?» — отвечают: «Надёжность».

С 2002 года 23 февраля — выходной день. По мнению мужчин, это справедливо, ведь 8 марта — выходной с 1965 года. Праздник 23 Февраля отмечают дома или ходят в гости. Мужчинам и мальчикам дарят подарки: дома, в школе, в институте, на работе. Чтобы помочь женщинам правильно выбрать подарок, газеты и журналы иногда публикуют результаты опросов мужчин по этому поводу. Вот список того, что мужчины не хотели бы получить в качестве подарка на 23 Февраля:

---

[1] Ка́йзер (*истор.*) — император в Германии.

61

- носки;
- нижнее бельё;
- туалетную воду с резким запахом;
- лосьон после бритья;
- галстук (его трудно подобрать в тон).

Чтобы женщины внимательнее относились к выбору подарка, мужчины в шутку даже перефразировали известную новогоднюю примету «как встретишь Новый год, так его и проведёшь». Накануне 23 февраля она звучит так: «как встретишь 23 Февраля, так и проведёшь 8 Марта!»

1. Как назывался день 23 Февраля за всю историю его празднования?
2. Кого поздравляют в России с этим праздником?
3. Почему в этот день в России поздравляют всех мужчин?
4. Как россияне отмечают 23 Февраля?
5. Какие подарки мужчины не хотели бы получить к этому празднику?
6. Как звучит перефразированная новогодняя примета накануне 23 Февраля?

Упражнения

1. **Замените выделенные слова словами из текста.**

   1) В 1946 году **празднику дали другое название** — День Советской армии и Военно-морского флота, а в 1995 году — День защитника Отечества.

   2) 23 Февраля **давно не является исключительно** профессиональным праздником военнослужащих.

   3) В этот день поздравляют всех мужчин **самого разного возраста**.

   4) Это значит, что каждый мужчина, **которому исполнилось** 18 лет, должен отслужить в **Вооружённых силах**, **то есть** стать защитником Отечества.

   5) **Помимо того**, защищать своих близких — одна из **основных** мужских задач.

   6) **С точки зрения** мужчин, это **правильно**, ведь 8 марта — **нерабочий день** с 1965 года.

   7) **Мужчинам не хотелось бы** получить **в подарок** на 23 Февраля туалетную воду с **сильным** запахом и галстук, потому что его трудно подобрать **по цвету**.

2. **Продолжите ряд.**

   Ходить в гости, в школу, на занятия, …
   Помогать маме, сыну, родителям, …
   Получить подарок, письмо, sms (эсэмэску), …
   Носить костюм, очки, рубашку, …
   Продолжать спать, болтать, храпеть, …
   Встретить Новый год, подругу, знакомого, …
   Провести время, отпуск, выходные, …

3. **Напишите поздравительную открытку с мужским днём своему другу.**

А знаете ли вы, что...

* Срок службы в царской армии доходил до 25 лет.

* Срок службы в Советской армии составлял 3 года на флоте и 2 года — в остальных родах войск.

* Срок службы в Российской армии с 2007 года составлял 18 месяцев, а с 2008 года — 1 год.

Поговорим?

А в вашей стране есть праздники, когда поздравляют только мужчин? Дарят ли мужчинам подарки к этим праздникам? Какие?
Напишите поздравительную открытку с мужским днём своему другу.

МЕЖДУНАРОДНЫЙ ЖЕНСКИЙ ДЕНЬ

Посмотрите в словаре значение слов:

протестова́ть (*против чего?*), кастрю́ля, избира́тельное пра́во, пра́во го́лоса, сковоро́дка, спи́сок (*мн. ч. спи́ски*), пома́да, бижуте́рия, мимо́за, роско́шный, ме́лочь, хло́поты.

*В. Кулагина.
Плакат. 1930 г.*

Праздник, посвящённый Женскому дню, «пришёл» в Европу из США. В марте 1857 года в Нью-Йорке прошла первая женская демонстрация, которую в газетах назвали «маршем пустых кастрюль». Работницы фабрик протестовали против низкой зарплаты и плохих условий труда. Через полвека, в феврале 1908 года, в том же Нью-Йорке около 15 тысяч женщин снова вышли на улицы с требованием одинаковых с мужчинами избирательных прав. В память об этой демонстрации последнее воскресенье февраля в Америке стало называться Национальным женским днём.

Отмечать Женский день как международный предложила Клара Цеткин, участница конференции женщин-социалисток. Это было в 1910 году в Копенгагене. В России Международный женский день впервые отметили в 1913 году в Петербурге. Работницы провели «научное утро по женскому вопросу», на котором объявили о своих проблемах: о дороговизне жизни, необходимости государственной помощи работницам-матерям — и потребовали для себя права голоса.

Со временем идеологическая основа праздника отошла на задний план, и в Советском Союзе Женский день стал одним из любимых семейных праздников. До сих пор россияне его очень любят. В этот день в ювелирных, парфюмерных магазинах, магазинах одежды и сувениров непривычно много мужчин. Все они выбирают подарки своим любимым женщинам. А выбор подарка — дело непростое! Лет 15 назад самым популярным подарком к 8 Марта была «тефалевая» сковородка (сковородка фирмы «Tefal»). Однако сегодня данные опросов говорят о том, что сами женщины не хотели бы получить в подарок ни сковородку, ни вообще какую-либо кухонную посуду. В «чёрный список» подарков попали также помада (её трудно подобрать по цвету), бижутерия, а также наборы недорогой косметики. Самым желанным подарком к Женскому дню (по результатам опросов) являются духи́ и ювелирные украшения. И, конечно, цветы. В России женщинам часто дарят цветы: и к праздникам, и просто так. А к Женскому дню — обязательно. Иногда это скромный букетик мимозы, а иногда — роскошный букет.

С праздником 8 Марта не только мужчины поздравляют женщин, но и женщины друг друга. Подруги, сотрудницы, сокурсницы и одноклассницы обмениваются небольшими подарками. Чаще всего это сувениры, косметика, мелочи для хозяйства — что-нибудь недорогое, но приятное. В этот день часто ходят в гости. Поэтому многим женщинам трудно назвать 8 Марта нерабочим днём — ведь надо навести в доме порядок, приготовить угощение, накрыть на стол. Но, несмотря на хлопоты, женщины любят этот праздник. Потому что все вокруг улыбаются, потому что незнакомые мужчины говорят: «С праздником!», потому что... весна.

1. Где появился праздник, посвящённый Женскому дню?
2. Как назвали в газетах нью-йоркскую демонстрацию женщин 1857 года?
3. Как в России впервые отметили Женский день?
4. Что хотели бы получить в качестве подарка российские женщины?
5. А какие подарки в «чёрном списке»?
6. Как россияне отмечают 8 Марта?

Упражнения

1. Дополните предложения, используя слова для справок.

1) Люди, которые вместе работают, — ... или ...
2) Люди, которые учатся на одном курсе в институте или университете, — ... или ...
3) Люди, которые учатся в одном классе, — ...
4) Люди, которые живут рядом, — ...
5) Люди, которые имеют одинаковое гражда́нство, — ...
6) Люди, которые живут в одно время, — ...
7) Люди, которые вместе что-то придумали, — ...
8) Люди, которые беседуют друг с другом, — ...

Слова для справок: соседи, сограждане, собеседники, сокурсники, сослуживцы, современники, одноклассники, сотрудники, соавторы, однокурсники.

2. Замените выделенные слова словами из текста.

1) В России Международный женский день **первый раз** отметили в 1913 году в Петербурге.
2) В этот день в ювелирных, парфюмерных магазинах, магазинах одежды и сувениров **необычно** много мужчин.
3) А выбор подарка — дело **нелёгкое**!
4) В **списке «запрещённых» подарков оказались** также помада (её трудно подобрать **в тон**), бижутерия, а также наборы **дешёвой** косметики.
5) В России женщинам часто дарят цветы: и к праздникам, и **без повода**.
6) Иногда это скромный букетик мимозы, а иногда — **шикарный** букет.
7) Поэтому многим женщинам **сложно** назвать 8 Марта **выходным** — ведь надо **убраться в доме**, приготовить угощение, накрыть на стол.

3. Выберите вариант, по смыслу наиболее близкий тексту.

1) а. Женский день — самый любимый праздник россиян.
   б. Россияне любят праздник 8 Марта.
2) а. Подарок выбрать нелегко.
   б. Подарок выбрать очень трудно.
3) а. Кухонная посуда — нежелательный подарок на 8 Марта.
   б. Не все женщины будут рады получить сковородку в качестве подарка к Женскому дню.
4) а. В России женщинам часто дарят цветы.
   б. В России женщинам дарят цветы только к праздникам.
5) а. Женщины иногда поздравляют друг друга с праздником 8 Марта.
   б. Женщины почти всегда поздравляют друг друга с праздником 8 Марта.
6) а. Обычно женщины дарят друг другу сувениры, косметику, мелочи для хозяйства — что-нибудь недорогое, но приятное.
   б. Женщины всегда дарят друг другу сувениры, косметику, мелочи для хозяйства — что-нибудь недорогое, но приятное.
7) а. Восьмого марта россияне обязательно ходят в гости.
   б. Восьмого марта россияне часто ходят в гости.

4. Напишите поздравительную открытку с Женским днём своей подруге.

А знаете ли вы, что...

* Ещё в Древнем Риме существовал праздник матрон — свободнорождённых и замужних женщин. Назывался этот праздник «матроналии». В этот день к матронам относились с особым вниманием и дарили им подарки.

* Женский день до революции в России приходился на 23 февраля: 23 февраля по юлианскому календарю — это 8 марта по григорианскому.

* Праздником день 8 марта стал сразу после революции, а выходным — в 1965 году в честь двадцатилетия Победы в Великой Отечественной войне. Накануне этого дня на советских предприятиях и в организациях проводились собрания, на которых женщины подводили итоги своей работы, намечали планы на будущее. Каждый год 8 марта проходили торжественные вечера и концерты.

Поговорим?

А в вашей стране есть праздники, когда поздравляют только женщин? Расскажите о них.

Дарят ли женщинам подарки к этим праздникам? Какие?

Какие качества, на ваш взгляд, наиболее ценны в женщине? Как ещё могли бы называться «женские» праздники?

ПРАЗДНИК ВЕСНЫ И ТРУДА

Посмотрите в словаре значение слов:

гита́ра, балала́йка, заку́ска, вы́пивка, шатёр (*мн. ч.* шатры́), фонта́н, аресто́вывать/арестова́ть (*кого?*), гвозди́ка, да́ча.

Обычай отмечать наступление весны и возрождение природы первого мая появился в России при Петре I благодаря немцам. Сначала первомайские гулянья назывались немецкими столами и устраивались только в больших городах. Но праздник очень понравился горожанам и скоро стал популярным в небольших городах и сёлах. День первого мая считался полупраздником: люди работали до обеда, а потом (если была хорошая погода) ехали «на природу» целыми семьями, большими компаниями — «встречать весну». Такие поездки называли маёвками. С собой брали гитары, балалайки, закуску и выпивку. В городских садах и парках устраивали танцы, ставили шатры с угощением и винными фонтанами. В Москве семейные маёвки, как и многие другие народные гулянья, проходили в Сокольниках.

К концу XIX века в России появились другие маёвки — политические. Их стали проводить как акции протеста против царской власти. Первая политическая (или рабочая) маёвка прошла в Петербурге в 1891 году. К 1905 году рабочие маёвки проводились уже регулярно, несмотря на то что полиция арестовывала их участников. Политические маёвки были начальной формой праздника пролетарского Первомая, который несколько лет после революции назывался Днём Интернационала.

Позднее первомайский праздник получил другое название — День международной солидарности трудящихся. По всей стране первого мая проводились демонстрации, митинги, а в Москве и некоторых крупных городах — военные парады. На демонстрации направляли лучших работников фабрик и заводов, представителей организаций. Города и сёла украшали красными флагами и транспарантами, на которых были написаны лозунги: «Мир, Труд, Май!», «Слава труду!» и т. д. Главный первомайский лозунг «Пролетарии всех стран, соединяйтесь!», красный флаг и красная гвоздика стали символами советского Первомая. Первомайскую демонстрацию, которая проходила на Красной площади, обязательно показывали по телевидению. После демонстрации люди обычно расходились по домам, отправлялись в гости или на дачу.

Последняя официальная первомайская демонстрация прошла 1 мая 1990 года. В современной России существует много различных партий и движений, и некоторые из них первого мая проводят свои политические акции. Но для большинства россиян первомайский праздник уже не является идеологическим событием, как раньше. Сегодня это выходной, когда можно встретиться с друзьями, пойти в гости, поехать на дачу или просто отдохнуть.

В 1992 году Международный день солидарности трудящихся был переименован в Праздник весны и труда. Многие россияне в этот день открывают дачный сезон, ведь дача — именно то место, где можно с удовольствием потрудиться, причём не только весной.

Праздник весны и труда

1. Что такое «маёвка»?
2. Чем отличалась семейная маёвка от политической?
3. Как проходил праздник 1 Мая в Советском Союзе?
4. Как сегодня называется праздник 1 Мая?
5. Как россияне проводят этот день?

Упражнения

1. Дополните предложения словами из текста.

1) Обычай отмечать наступление весны и возрождение природы первого мая появился в России…
2) Сначала первомайские гулянья назывались…
3) С собой брали…
4) В городских садах и парках устраивали…
5) К концу XIX века в России появились другие маёвки — …
6) По всей стране 1 мая проводились…
7) Сегодня это выходной, когда можно…

2. Восстановите видовые пары глаголов.

работать— …
встречать — …
брать — …
ставить — …
украшать — …
показывать — …
открывать — …

… — появиться
… — понравиться
… — стать
… — встретиться
… — пойти
… — поехать
… — отдохнуть

Составьте словосочетания или предложения с каждым из этих глаголов.

А знаете ли вы, что…

* Возможно, майский праздник весны берёт своё начало в древнеримских празднествах Флоры. Они проходили с 28 апреля по 1 мая и назывались цветными или зелёными забавами.

* Многие европейские народы с давних пор отмечали праздник весны: водили хороводы и танцевали вокруг «майского дерева», которое к этому дню специально украшали. На Руси во многих областях в знак весеннего пробуждения природы к ветвям берёзы привязывали разноцветные ленточки.

* Первого мая 1886 года в Чикаго (США) рабочие вышли на демонстрацию с требованием сократить рабочий день до 8 часов. Участники демонстрации были арестованы, а лидеры — казнены. В память об этом событии в 1889 году международная организация пролетариата «II Интернационал» решила каждый год первого мая проводить демонстрации рабочих.

✱ С 1930-х и до конца 1980-х годов парады на Красной площади Москвы проводились дважды в год — 1 мая и 7 ноября.

✱ Благодаря лозунгу «**Да здра**вствует **пер**вое **ма**я!» в начале 1930-х годов появилось новое женское имя Даздраперма. Как и остальные «идеологические» имена, оно быстро вышло из моды.

Поговорим?

Отмечают ли праздник 1 Мая в вашей стране? Как он называется?
Какие праздники отмечаются в вашей стране весной? Расскажите о них.
Как можно было бы отметить Праздник Весеннего Настроения или День Майских Цветов? Какие ещё весенние праздники можно придумать?

ДЕНЬ ПОБЕДЫ

Посмотрите в словаре значение слов:

ра́нить (*кого?*), капитуля́ция, обнима́ться/обня́ться, штанда́рт, ма́ршал, вспы́шка, атрибу́т, моги́ла, кла́дбище, курга́н, по́двиг, ветера́н, о́рден, меда́ль, сквер, ле́нточка, волонтёр, рюкза́к.

9 Мая — День Победы советского народа в Великой Отечественной войне (1941—1945). Это великий день в истории не только России, но и других народов, которые входили в состав СССР. 9 Мая — торжественный и праздничный день, но вместе с тем — день памяти и скорби. Не было ни одной советской семьи, в которой бы кто-то не погиб, не был ранен, не пропал бе́з вести, не голодал. За четыре года войны Советский Союз потерял около 27 миллионов человек.

Война закончилась 8 мая 1945 года. 9 мая все газеты и радиостанции объявили о капитуляции Германии, о полной победе советского народа в Великой Отечественной войне. Этот день стал днём всенародного торжества. Все люди вышли на улицу, обнимались, плакали от счастья.

24 июня 1945 года в Москве состоялся Парад Победы. По Красной площади торжественным маршем прошли 40 тысяч солдат и офицеров. К стенам Мавзолея[1] были брошены знамёна гитлеровской армии, в том числе и лич-

---

[1] Мавзоле́й — памятник-усыпальница у Кремлёвской стены на Красной площади в Москве, где находится тело Ленина; в советское время был правительственной трибуной во время демонстраций и военных парадов.

К. Антонов. «Победители»

ный штандарт Гитлера[1]. Парадом Победы командовал маршал Рокоссовский, принимал парад маршал Жуков. Вечером небо над Москвой осветилось вспышками салюта. С этого времени салют стал непременным атрибутом празднования Дня Победы.

Утром в День Победы в Москве, Санкт-Петербурге, Волгограде, Владивостоке и других городах проходят военные парады. К памятникам Великой Отечественной войны люди приносят цветы. Очень много цветов лежит в этот день у Вечного огня. Он зажжён в Москве у Могилы Неизвестного Солдата, в Петербурге (бывшем Ленинграде) на Пискарёвском кладбище и в Волгограде (бывшем Сталинграде) на Мамаевом кургане. Вечный огонь — знак памяти о тех, кто отдал свою жизнь за Родину. «Имя твоё неизвестно — подвиг твой бессмертен», — написано на мраморной плите у Могилы Неизвестного Солдата в Александровском саду.

Во многих городах девятого мая проходят ежегодные встречи ветеранов-однополчан. Фронтовики надевают парадную форму с орденами и медалями, у всех в руках цветы. В Москве ветераны собираются обычно в сквере перед Большим театром, в Парке культуры и отдыха им. Горького и на Поклонной горе. На этих встречах ветераны вспоминают своих товарищей, погибших на войне, вспоминают Победу, поют песни военных лет. Девятого мая в этих местах всегда праздничная и волнующая атмосфера, москвичи приходят туда с детьми и внуками, чтобы поздравить ветеранов и подарить им цветы.

В 2005 году, в год шестидесятилетия Победы, впервые была проведена акция, которая получила название **«Георгиевская ленточка»**. Накануне 9 Мая волонтёры раздавали чёрно-оранжевые ленточки автолюбителям, которые хотели выразить своё уважение празднику Победы. Эти ленточки привязывали к антеннам машин, к ручкам

[1] Адольф Гитлер — вождь немецких фашистов, глава германского правительства (1933–1945)

верей, к зеркалам и т. д. Акция имела такой успех, что всем желающим ленточек не хватило. Теперь георгиевские ленточки в День Победы можно увидеть уже не только на машинах, автобусах, троллейбусах и трамваях, но и на сумках, рюкзаках и одежде очень многих россиян. Сегодня это один из символов праздника Великой Победы.

1. Почему День Победы — не только праздничный, но и скорбный день?
2. Когда состоялся первый Парад Победы?
3. В каких городах России зажжён Вечный огонь?
4. Что написано на мраморной плите у Могилы Неизвестного Солдата?
5. В каких местах Москвы проходят встречи ветеранов в День Победы?
6. Какой новый символ праздника Победы появился в последнее время?

Упражнения

1. **Замените выделенные слова словами из текста.**

1) Это великий день в истории не только России, но и других народов, **входивших** в состав СССР.
2) 9 Мая — торжественный и праздничный день, но **одновременно памятный и скорбный**.
3) Вечный огонь — **символ** памяти о тех, кто **погиб** за **Отечество**.
4) Во многих городах девятого мая **каждый год встречаются ветераны, которые вместе служили**.
5) В Москве ветераны **встречаются по традиции** в сквере перед Большим театром, в Парке культуры и отдыха им. Горького и на Поклонной горе.
6) В 2005 году, в год шестидесятилетия Победы, **в первый раз прошла** акция, которая **называлась** «Георгиевская ленточка».
7) **Перед праздником 9 Мая** волонтёры раздавали чёрно-оранжевые ленточки **водителям**, которые хотели **показать** своё уважение празднику Победы.

2. Восстановите цепочку: *глагол НСВ — глагол СВ — существительное.*

М о д е л ь: **побеждать — победить — победа**

входить	…	…
…	…	состав
…	потерять	…
встречаться	…	…
…	…	отдых
…	…	воспоминание
поздравлять	…	…
…	подарить	…
…	…	проведение
…	получить	…
…	…	название
…	выразить	…

3. Образуйте от существительных прилагательные, составьте с этими прилагательными словосочетания.

народ — …
отечество — …
война — …
история — …
память — …
парад — …
театр — …
успех — …

А знаете ли вы, что...

* В 1965 году в память о погибших впервые была объявлена Минута Молчания, которая с этого времени стала обязательным ритуалом Дня Победы. В том же году 9 мая стал выходным днём. Каждый парад на Красной площади в День Победы начинается с торжественного выноса Знамени Победы, штандартов фронтов и боевых знамён частей и соединений, которые прославились в годы Великой Отечественной войны. Заканчивается День Победы по традиции праздничным салютом.

* После 1945 года военные парады 9 мая проводились в Советском Союзе к 20-летию и 40-летию Победы. В 1991 году состоялся последний парад эпохи СССР, и до 1995 года парады не проводились. К полувековому юбилею Победы в Москве был построен комплекс Музея Победы на Поклонной горе, 9 мая 1995 года был проведён строевой парад (боевая техника в нём не участвовала), на торжества были приглашены гости из 50 стран. С 2008 года в День Победы на Красной площади вновь проходят военные парады, в которых принимает участие новейшая боевая техника, находящаяся на вооружении в Российской армии.

* По результатам социологических опросов, 38 % россиян называют День Победы праздником, который на самом деле является одновременно и Днём народного единства и Днём защитника Отечества.

Поговорим?

Есть ли в вашей стране праздник Победы? С какими страницами истории вашей родины он связан?

Какое достижение в своей жизни вы могли бы назвать победой?

ДЕНЬ РОССИИ

Посмотрите в словаре значение слов:

деклара́ция, суверените́т, вне (*кого? чего?*), приём, вруча́ть/вручи́ть (*что? кому?*), кузне́ц, гонча́р, ностальги́я (*по кому? по чему?*), и́скренне, восприни-ма́ть/восприня́ть (*кого? что?*).

12 июня — государственный праздник новой России. В этот день в 1990 году была принята «Декларация о государственном суверенитете РСФСР[1]», и Россия стала самостоятельным государством вне Советского Союза. В 1994 году этот день стал государственным праздником и получил название День независимости России. Название вызвало много споров, так как многие люди не могли ответить на вопрос: «Независимости от кого?» Поэтому через несколько лет праздник переименовали, и с 2002 года он официально называется День России.

В Кремле в этот день устраивают большой приём, на котором президент России вручает учёным, писателям, художникам, актёрам, режиссёрам государственные премии в области науки, литературы и искусства.

В больших и маленьких городах проходят концерты, гулянья, фестивали, открываются «Города Мастеров», где люди редких профессий (кузнецы, гончары и т. д.) показывают своё умение и мастерство. В этот день проводят-

---

[1] РСФСР — Российская Советская Федеративная Социалистическая Республика.

ся традиционные парады оркестров и барабанщиков, для любителей старинной техники устраивают парад ретро-автомобилей.

Отношение к новому празднику у россиян неоднозначное: одни в этот день с ностальгией вспоминают Советский Союз, другие искренне отмечают день рождения новой страны, третьи проводят 12 июня как обычный выходной.

Большинство сегодняшних россиян родились в СССР, но их дети воспринимают Советский Союз как достаточно далёкую историю. И для этих молодых россиян День России наверняка будет настоящим праздником.

1. Как называется праздник, который в России отмечается 12 июня?
2. Как этот день назывался раньше?
3. Как россияне относятся к этому празднику?

Упражнения

1. **Соедините словосочетания и названия профессий.**

лечит людей	ветеринар
учит детей	дизайнер
лечит животных	адвокат
готовит еду	врач
придумывает модели одежды	учитель
защищает клиента в суде	депутат
пишет музыку	безработный
рисует	банкир
пишет книги	художник
придумывает интерьеры	композитор
работает в банке	писатель
работает в парламенте	модельер
нигде не работает	повар

2. Образуйте от существительных прилагательные, составьте с этими прилагательными словосочетания.

наука — ...
литература — ...
искусство — ...
город — ...
концерт — ...
фестиваль — ...

3. Восстановите цепочку: *глагол НСВ — глагол СВ — существительное.*

...	...	праздник
...	...	название
...	...	спор
...	ответить	...
вручать	...	...
...	...	гулянье
открывать	...	...
...	...	отношение

Составьте словосочетания или предложения с каждым из этих слов.

А знаете ли вы, что...

✳ По данным социологических опросов, у россиян нет единого мнения о том, какое значение для России имеет принятие в 1990 году декларации о суверенитете. 41 % опрошенных считают, что суверенитет пошёл России на пользу, а 38 % — во вред. Причём наиболее позитивно настроена молодёжь, наиболее негативно — люди старше 60 лет. 23 % считают, что Россия стала полностью суверенным государством, а 33 % уверены, что Россия потеряла реальный суверенитет, которым обладал СССР.

✳ Данные статистики говорят о том, что с 2003 года вдвое увеличилось число россиян, которые чувствуют гордость за свой народ и свою страну, а также всё больше россиян начинают воспринимать День России как праздник. При этом большинство опрошенных (74 %) уверены, что уважительное отношение к Дню России нужно воспитывать. На вопрос Центра исследований общественного мнения: «С чем вы ассоциируете День России?» — более половины россиян ответили: «С историей страны и её народа», «с родной природой», «с родным языком, литературой и искусством».

Поговорим?

Какие профессии самые популярные сегодня у вас на родине? Как вы думаете, почему?

Какие профессии вам нравятся? Какие — нет?

Кем вы хотели стать в детстве? А кем вы в результате стали (или собираетесь стать)?

ОТ 7 НОЯБРЯ – К ДНЮ НАРОДНОГО ЕДИНСТВА

Посмотрите в словаре значение слов:

вооружа́ть/вооружи́ть (*кого? что?*), захва́тчик, реконстру́кция, сраже́ние.

7 ноября в Советском Союзе отмечали главный государственный праздник, который официально назывался Годовщина Великой Октябрьской социалистической революции. В 1917 году, 25 октября (по новому стилю — 7 ноября), в России произошло вооружённое восстание рабочих и солдат, которое позднее стало называться Октябрьской революцией.

В советское время 7 ноября на Красной площади в Москве проходил военный парад. Даже во время войны эта традиция не прерывалась. В 1941 году солдаты с парада уходили прямо на фронт. Главные улицы и площади советских городов 7 ноября были украшены красными флагами, портретами Ленина, лозунгами: «Слава Великому Октябрю!», «Слава советскому народу — строителю коммунизма!» В этот день в городах и посёлках по всей стране проходили демонстрации. Накануне 7 Ноября во всех организациях (на заводах, фабриках, в школах, институтах, колхозах и т. д.) проходили торжественные собрания. На этих собраниях руководители говорили о результатах работы и о планах на будущее. К юбилеям праздника лучших работников награждали орденами и медалями. Последний раз 7 Ноября официально отметили в 1995 году.

4 ноября 2005 года в жизни россиян появился новый государственный праздник — День народного единства. Именно в этот день в ноябре 1612 года

Москва была освобождена от польско-литовских захватчиков. Под руководством Козьмы Минина и Дмитрия Пожарского весь народ объединился против врага, и в стране наступил долгожданный мир.

Традиции этого праздника ещё только начинают складываться. Но на официальном уровне его уже отмечают. 4 ноября проходят фестивали народного творчества, исторические выставки, концерты, на которых выступают фольклорные коллективы. Школы и библиотеки проводят чтения на тему «Великие граждане России»; литературные конкурсы «Из малых городов пошла Россия», «Народные герои», «Русские богатыри»; исторические викторины и т. д. Военно-исторические клубы устраивают в этот день реконструкции сражений прошлого, разыгрывают костюмированные военные сцены. Общественные организации проводят 4 ноября День добрых дел: помогают детским домам, пожилым людям, малообеспеченным семьям.

По данным социологов, 59% россиян не отмечают ни новый ноябрьский праздник (День народного единства), ни старый (годовщину Октября). На вопрос: «Чем вы будете заниматься 4 ноября?» — большинство ответили, что в этот день их ждут обычные домашние дела: прогулка с детьми, покупка продуктов, поездка к родственникам или на дачу, отдых дома или встреча с друзьями.

1. Какой праздник отмечали в Советском Союзе 7 ноября?
2. Как проходили эти празднования?
3. Что произошло в Москве 4 ноября 1612 года?
4. Как отмечают этот день на официальном уровне?
5. Как россияне проводят 4 ноября?

Упражнения

1. **Дополните предложения словами из текста.**

   1) В 1917 году, 25 октября (по новому стилю — 7 ноября), в России произошло вооружённое восстание рабочих и солдат, которое позднее стало называться…
   2) В советское время 7 ноября на Красной площади в Москве проходил…
   3) 4 ноября 2005 года в жизни россиян появился новый государственный праздник — …
   4) Под руководством Козьмы Минина и Дмитрия Пожарского весь народ объединился против врага, и в стране…
   5) 4 ноября проходят…
   6) Военно-исторические клубы устраивают в этот день…
   7) Общественные организации проводят 4 ноября День добрых дел: …

2. Напишите существительные, от которых образованы эти прилагательные.

октябрьский — ...
государственный — ...
военный — ...
народный — ...
исторический — ...
фольклорный — ...
общественный — ...
добрый — ...
детский — ...
ноябрьский — ...
домашний — ...

Составьте словосочетания с каждым из этих слов.

А знаете ли вы, что...

✳ Октябрьская революция «участвовала» в создании многих новых имён: Октябрь, Октябрина, Мэлор (по первым буквам от слов «Маркс», «Энгельс», «Ленин», «октябрьская революция»), Ревмир (революционный мир), Новомир (новый мир), Идея, Эра, Коммир (коммунистический мир), Пятвчет (пятилетку в четыре года) и т. д.

✳ Младших школьников (с 1-го по 3-й класс) в честь Октябрьской революции называли «октябрятами». Их объединяли в «октябрятские звёздочки» — группы по 5—6 человек для подготовки к вступлению в пионеры.

✳ С 2005 года 7 ноября — не официальный государственный праздник, а один из Дней воинской славы России. Он называется День проведения военного парада на Красной площади в г. Москве в ознаменование двадцать четвёртой годовщины Великой Октябрьской социалистической революции; 1941 г.

К. Юон.
«Парад на Красной площади в Москве
7 ноября 1941 года». 1942 г.

Поговорим?

Как вы думаете, нужен ли праздник День добрых дел? Если бы он существовал, как бы вы его отметили?

С какими словами у вас ассоциируется слово «добро»?

Есть такая пословица: «Нет ху́да без добра». Это значит, что даже отрицательный (на первый взгляд) результат имеет положительные моменты. Были ли в вашей жизни ситуации, когда можно было вспомнить эту пословицу?

ДРУГИЕ ПРАЗДНИКИ
(рабочие праздничные дни)

Посмотрите в словаре значение слов:

пограни́чник, оборо́на, вкус, деса́нтный, ору́жие, лотере́я, листа́ть/полиста́ть (*что?*), таба́к.

В нашей жизни радостных дней гораздо больше, чем государственных праздников, отмеченных в календаре. Зимой в России празднуют Масленицу, а весной — Пасху. Люди различных профессий отмечают свои профессиональные праздники: День учителя, День медицинского работника, День химика и т. д. У российских студентов тоже есть свой праздник — Татьянин день или День студентов.

Некоторые праздничные дни отмечаются только военными: День пограничника, День ПВО (войск противовоздушной обороны), День военно-морского флота, День ВДВ (воздушно-десантных войск), День танкиста, День ракетных войск и т. д. Есть праздники, которые напоминают о победах русского оружия и называются Днями воинской славы России: День Бородинского сражения, День победы советских войск под Сталинградом и т. д.

С Днём Военно-Морского Флота СССР!

Существуют праздники, которые посвящены разным интересам и увлечениям: День театра, День музеев, День туризма, День музыки, День футбола, День кино, День шахмат, День поэзии, День танца и т. д.

Праздники есть даже у городов, они называются День города. Их устраивают поздней весной, летом или ранней осенью — чтобы можно было погулять, посмотреть концерт на городской площади, побывать на театрали-

зованном уличном представлении, поучаствовать в конкурсах, соревнованиях или лотереях.

Если полистать календарь, то каждый сможет найти праздник на свой вкус. Читатели, например, могут праздновать День писателя, писатели — День переводчика, курящие — День без табака, а некурящие — День здоровья.

1. О каких профессиональных праздниках вы узнали из текста?
2. Какие праздники отмечаются военными?
3. Какие из праздничных дней посвящены интересам и увлечениям?
4. Как отмечают День города?

Упражнения

1. Дополните предложения словами из текста.

1) Зимой в России празднуют…
2) Люди различных профессий отмечают свои профессиональные праздники: …
3) У российских студентов тоже есть свой праздник — …
4) Существуют праздники, которые посвящены разным интересам и увлечениям: …
5) Праздники есть даже у городов, они называются…
6) Их устраивают поздней весной, летом или ранней осенью — чтобы можно было…
7) Если полистать календарь, то каждый сможет…

2. От каких слов образованы эти существительные?

учитель — …
химик — …
милиционер — …
пограничник — …
моряк — …
десантник — …
танкист — …
ракетчик — …
турист — …
музыкант — …
футболист — …
шахматист — …
поэт — …
читатель — …
писатель — …
переводчик — …

Составьте словосочетания или предложения с каждым из этих слов.

ТАТЬЯНИН ДЕНЬ

Посмотрите в словаре значение слов:

фавори́т, подде́рживать/поддержа́ть (*кого? что?*), вуз, ре́ктор.

25 января православная церковь отмечает день памяти святой Татьяны. В этот день поздравляют с именинами всех Татьян и... всех студентов. Дело в том, что 25 января (по старому стилю 12 января) 1755 года императрица Елизавета Петровна, дочь Петра I, подписала указ о создании Московского университета и гимназии. Этот указ подготовили Михаил Ломоносов и граф Иван Шувалов — фаворит императрицы и один из самых образованных людей того времени. Шувалов поддерживал многие начинания Михаила Ломоносова, помогал учёным, писателям, художникам. Скорее всего, граф не случайно принёс императрице указ именно в этот день, — Татьяной звали его мать, и таким оригинальным образом граф поздравил её с днём ангела. Университетский храм также носит имя святой Татьяны. В конце концов, Татьянин день стал праздником Московского университета, а святую Татьяну стали называть Татьяной Университетской.

В 2005 году 25 января официально стал Днём российского студенчества, а студентов в России около 7 миллионов. В этот день в вузах по всей стране награждают студентов за успехи в разных областях науки и искусства, за победу в различных соревнованиях и конкурсах, включая конкурсы красоты. Вечером обязательно устраивают студенческие балы и дискотеки.

В Московском университете празднование начинается с торжественной службы в храме святой Татьяны. Затем студенты зажигают символическую «чашу знаний» у памятников Ломоносову и Шувалову. Недавно появилась интересная традиция праздника — угощение студентов медовухой, лёгким спиртным напитком, который делают из мёда. Медовуху готовят по старинному рецепту, а наливает её студентам ректор МГУ.

После этого в большом зале Дворца культуры МГУ награждают лучших студентов за успехи в учёбе. Затем выступают артисты студенческого театра, популярные музыкальные группы, певцы. На открытом воздухе устраивают катания на лошадях, различные конкурсы, игры, спортивные состязания. Заканчивается праздник салютом и дискотекой.

1. Когда в России отмечают День студентов?
2. Почему этот день называется Татьянин?
4. Кто подготовил указ об учреждении Московского университета?
5. Как проходит этот день в вузах страны?
6. Как празднуют Татьянин день в Московском университете?

Упражнения

1. Замените выделенные слова словами из текста.

1) **Вероятно**, граф **специально** принёс императрице указ именно в этот день, — Татьяной звали его мать, и таким **необычным** образом граф поздравил её с **именинами**.

2) **Университетская церковь** также **названа в честь** святой Татьяны.

3) В этот день в **высших учебных заведениях** по всей стране **проходят награждения** студентов за успехи в разных **сферах** науки и искусства, за победу в соревнованиях и конкурсах **разного рода**, включая конкурсы красоты.

4) В Московском университете **торжество** начинается с **праздничной** службы в **церкви** святой Татьяны.

5) Недавно **возникла** интересная традиция праздника, **когда студентов угощают медовухой — некрепким алкогольным** напитком, **приготовленным** из мёда.

6) **Затем** в большом зале Дворца культуры МГУ **вручают награды** лучшим студентам за успехи в учёбе.

7) **На улице** устраивают катания на лошадях, **разные** конкурсы, игры, спортивные **соревнования**.

2. Продолжите ряд.

Отмечать именины, праздник, Новый год, ...
Поздравлять с именинами, с праздником, с Новым годом, ...
Подписать указ, документ, договор, ...
Подготовить указ, документ, договор, ...
Поддерживать начинания, семью, точку зрения, ...
Помогать учёным, писателям, художникам, ...
Принести указ, кофе, чай, ...
Устроить бал, дискотеку, вечеринку, ...
Зажечь «чашу знаний», спичку, огонь, ...
Угощать студентов, друзей, знакомых, ...
Готовить медовуху, мясо, рыбу, ...

А знаете ли вы, что...

* Начиная с 70-х годов XIX века хозяин роскошного московского ресторана «Эрмитаж» француз Оливье отдавал студентам в Татьянин день свой ресторан для веселья. На один день из зала выносили дорогую шёлковую мебель, убирали красивые ковры и вносили простые деревянные столы и табуретки. В буфете оставляли только холодные закуски, водку, пиво и дешёвое вино. Выпускник медицинского факультета Антон Чехов вспоминал, что в этот день студенты выпивали «всё, кроме Москвы-реки». Полиция относилась к шумным студентам с пониманием и под утро даже развозила их по домам. В этот праздник стирались все различия: преподаватели гуляли со студентами, богатые одевались по-простому и веселились со всеми остальными. С огромным удовольствием отмечали праздник и выпускники.

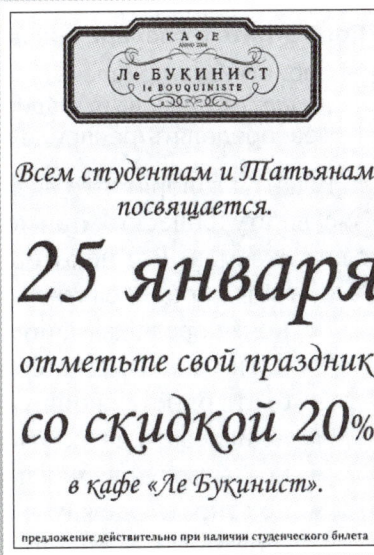

КАФЕ
Ле БУКИНИСТ
le BOUQUINISTE

Всем студентам и Татьянам посвящается.

25 января

отметьте свой праздник

со скидкой 20%

в кафе «Ле Букинист».

предложение действительно при наличии студенческого билета

* После революции, в 1918 году, храм святой Татьяны закрыли, в 1922 году в здании храма открыли клуб, а в 1958-м — Студенческий театр МГУ. В 1923 году праздник переименовали в День пролетарского студенчества.

* 25 января 1992 года в МГУ отметили первый Татьянин день после 74-летнего перерыва, а в 1995 году здание храма святой Татьяны было возвращено православной церкви.

* 25 января 1995 года начала выходить студенческая газета «Татьянин день», которая освещает вопросы культуры, науки, искусства, а также социальные, политические и религиозные проблемы.

* Имя *Татьяна* — одно из самых любимых русских женских имён (наряду с именами *Анна, Мария, Ольга* и *Елена*). Наиболее популярным оно стало в 40-е—50-е годы XX века — тогда каждую седьмую из новорождённых девочек называли Таней.

Поговорим?

Какие студенческие праздники существуют в вашей стране? Когда и как их отмечают?

О каких студенческих традициях своей страны вы знаете?

Какие имена наиболее популярны в вашей стране в наши дни? Какие были популярны раньше?

Какие женские имена вам нравятся больше всего? А мужские?

СТУДЕНЧЕСКИЕ ПРИМЕТЫ

Посмотрите в словаре значение слов:

привлека́ть/привле́чь (*кого? что?*), поду́шка, пя́тка, устана́вливать/установи́ть (*что?*), бро́нзовый, гла́дить/погла́дить (*кого? что?*), высо́вываться/вы́сунуться, распределя́ть/распредели́ть (*кого? что?*), вытя́гивать/вы́тянуть (*кого? что?*).

Студенты говорят, что экзамен — это лотерея. Поэтому существует множество студенческих примет, которые помогают привлечь удачу и успешно сдать экзамен. Вот некоторые из них.

Чтобы хорошо сдать экзамен, нужно:

- ночь перед экзаменом спать на подушке, под которой лежит учебник;
- идти на экзамен с монетой под левой пяткой;
- брать билет левой рукой;
- не надевать на экзамен новую одежду;
- не мыть голову накануне экзамена;
- не стирать одежду, в которой был удачно сдан какой-нибудь экзамен (постирать — значит «смыть» удачу).

Поскольку 25 января — это время сессии, то некоторые приметы «действуют» именно в этот день. Например, 25 января многие хотят «чокнуться» с основателем Московского университета. Точнее говоря, с его памятником, установленным перед главным корпусом МГУ. Существует примета: если в Татьянин день «выпить» с Михаилом Ломоносовым, есть шанс сдать следующую сессию на «отлично».

Затем нужно спуститься под землю, на станцию метро «Площадь революции». Там стоят бронзовые пограничники с «собаками счастья»: бронзовых собак надо погладить по носу.

Тот, кто не готов к экзамену, может попробовать поймать **«халя́ву»**. Делается это так. В полночь, накануне экзамена, надо высунуться в окно с открытой **зачёткой** в руке и громко кричать: «Халява, приди!» Студенты говорят, что это верный способ. Главное — не высовываться слишком далеко, особенно если этаж высокий.

Для того чтобы получить счастливый билет, нужно всего лишь почистить ботинки бронзовому студенту, который сидит перед входом в здание Московского университета путей сообщения. По студенческим поверьям, этот студент приносит удачу и распределяет «халяву». Удача обязательно улыбнётся тому, кто дотронется до книги, которую студент держит в руке, или несколько раз перепрыгнет через его вытянутые ноги. Говорят, что 25 января бронзовый студент дарит удачу даже самым ленивым!

А ещё 25 января — это единственный день, когда можно смело стирать «счастливую» одежду, в которой везёт на экзамене.

1. Что нужно сделать, по студенческой примете, чтобы хорошо сдать экзамен?
2. Какие студенческие приметы «действуют» именно 25 января?
3. Как можно поймать «халяву»?
4. Что нужно сделать, чтобы получить счастливый билет?

Упражнения

1. Дополните предложения словами из текста.

1. Студенты говорят, что экзамен — это…
2. Чтобы хорошо сдать экзамен, нужно ночь перед экзаменом спать на подушке, под которой…
3. Чтобы успешно сдать экзамен, надо идти на экзамен с монетой…
4. Чтобы попался хороший билет, его надо брать…
5. Чтобы не «смыть» удачу, перед экзаменом нельзя стирать…
6. Существует примета: если в Татьянин день «выпить» с Михаилом Ломоносовым, есть шанс…
7. Тот, кто не готов к экзамену, может попробовать…

2. Продолжите ряд.

Мыть голову, посуду, окно, …
Стирать одежду, джинсы, свитер, …
Сдать сессию, работу, зачёт, …
Спуститься под землю, вниз, с неба, …
Стать счастливым, удачливым, несчастным, …
Почистить ботинки, пальто, ковёр, …
Везёт на экзаменах, в жизни, в учёбе, …

А знаете ли вы, что…

* Студенты не очень любят сдавать экзамен в понедельник, так как понедельник считался в старину несчастливым днём. В этот день не любили выезжать в дальнюю дорогу, не давали деньги в долг, не начинали важных дел. До сих пор говорят: «Понедельник — день тяжёлый».

* Примета класть под левую пятку монету связана, вероятно, с тем, что, по поверьям, слева от человека находится «нечистый», а справа — ангел-хранитель. Если человек не уверен в своих силах, если ему нужна удача, он пытается «подкупить» «нечистую силу», предлагая символическую плату. Поэтому именно через левое плечо надо переплюнуть, чтобы не

«сглазить», не испортить то, что задумано. Вероятно, с этим связано одно из значений слова «левый» — незаконный, поддельный, некачественный.

* В день экзамена «действуют» все старинные «дорожные» приметы. Например, дождь «обещает» удачу в начатом деле.

Поговорим?

Существуют ли в вашей стране студенческие приметы? Какие?

Есть ли у вас «своя» примета, которая приносит (приносила) вам удачу на экзамене?

Вам часто везёт на экзаменах? А в жизни? Расскажите о каком-нибудь случае, когда вам крупно повезло (или, наоборот, не повезло).

КАК НА РУСИ ПРАЗДНОВАЛИ МАСЛЕНИЦУ

В. Суриков.
«Взятие снежного городка». 1891 г.

Посмотрите в словаре значение слов:

срок, клин, коло́ть/расколо́ть (*что?*), пляса́ть, анекдо́т, раздава́ться/разда́ться, прекраща́ться/прекрати́ться.

Ма́сленица — это древний праздник проводов зимы и встречи весны. Появился этот обычай задолго до христианства. В Древней Руси Масленицу отмечали в марте, и, видимо, первоначально это был праздник встречи Нового года. В те времена люди верили, что если отметить праздник радостно и весело, приготовить богатое угощение, есть и пить от души, то наступающий год тоже будет радостным и богатым.

Начинают отмечать Масленицу за восемь недель до Пасхи, поэтому её сроки подвижны — от начала февраля до начала марта. Главное блюдо Масленицы — блины. Блин — символ солнца, он и похож на солнце: горячий, жёлтый и круглый. А блины едят с маслом, отсюда скорее всего и пошло название праздника.

Празднуют Масленицу неделю, и каждый день имеет своё название: понедельник — «встреча», вторник — «заигрыш», среда — «лакомка», четверг — «широкий», пятница — «тёщины[1] вечера», суббота — «золовкины[2] посиделки», воскресенье — «прощанье» или «прощёное».

Масленицу называли широкой: её отмечали и взрослые, и дети, и старые, и молодые, и богатые, и бедные, и городские, и деревенские. К празднику открывались ярмарки, где выступали скоморохи, на площадях устанавливали качели, делали ледяные горы. По домам ходили ряженые, пели обрядовые песни и везде за них получали угощение — блины. Несмотря на то что блинов ели очень много, в народе говорили: «Блин — не клин, живота не расколет!»

В старину Масленицу первыми встречали дети. В понедельник они делали большую куклу (чучело) Масленицы, наряжали её и с песнями возили по деревне. Детей везде угощали блинами. Во вторник, на «заигрыш», начинала веселиться молодёжь: парни и девушки катались с ледяных гор и на санях, пели, плясали. После игр и катаний на санях все шли к кому-нибудь в гости на блины: «Где блины, тут и мы!» В среду тёща приглашала к себе зятя[3] на блины, а в пятницу зять — тёщу. Отношения зятя и тёщи давно стали предметом шуток и анекдотов, но в эти дни зять и тёща становились лучшими друзьями. Разгар праздника наступал в четверг, поэтому он и называется «широкий» или «разгул», «разгуляй». Взрослые строили крепости из снега, разыгрывали целые сражения, которые назывались «взятием снежного городка». Часто эти баталии заканчивались традиционной русской забавой — кулачным боем. В четверг начинались также «смотры молодожёнов». Молодые супруги, поженившиеся в этом году, должны были продемонстрировать свою любовь друг к другу в ходе различных ритуальных игр.

После этого молодожёны символически получали статус взрослых семейных пар. В субботу, на «золовкины посиделки», молодая невестка[4] приглашала к себе своих родных. Субботу ещё называют «проводами», в этот день провожали зиму и прощались с Масленицей. В большом костре, вокруг которого пели и плясали, сжигали чучело Масленицы (на юге России Масленицу обычно сжигали в воскресенье).

---

[1] Тёща — мать жены.
[2] Золовка — сестра мужа.
[3] Зять — муж дочери.
[4] Невестка — жена брата или жена сына.

Последним днём Масленицы было Прощёное воскресенье. В этот день люди «прощались» — просили друг у друга прощения за обиды. Последними прощали друг друга муж и жена — после ужина и вечерней молитвы. Как только вечером раздавался колокольный звон, веселье прекращалось, все расходились по домам. На следующий день, в понедельник, православные вступали в Великий пост, который длится семь недель.

1. Сколько времени празднуют Масленицу?
2. Почему праздник называется именно так?
3. Какое блюдо по традиции едят на Масленицу?
4. Как назывались дни масленичной недели?
5. Как развлекалась на «заигрыш» молодёжь?
6. Как отмечали четверг — «разгуляй»?
7. Как назывался последний день Масленицы? Почему?

Упражнения

1. Решите кроссворд.

По горизонтали:

1. Древний праздник встречи весны.
2. Так называется воскресенье масленичной недели.
3. Так называли Масленицу.

По вертикали:

4. Так называется первый день Масленицы.
5. Традиционное блюдо этого праздника.
6. Так называется не только среда масленичной недели, но и человек, который любит сладкое.
7. Столько продолжается Масленица.
8. Это время года Масленица провожает.

2. Продолжите ряд.

Приготовить угощение, ужин, кашу, …
Встречать Масленицу, подругу, друга, …
Угощать блинами, пирогами, пирожными, …
Приглашать зятя, тёщу, тестя, …
Становиться друзьями, врагами, студентами, …
Провожать зиму, лето, родителей, …
Прощаться с Масленицей, с соседями, с друзьями, …
Просить прощения у жены, у мужа, у сына, …

А знаете ли вы, что...

✳ Блины — древнее ритуальное блюдо. Их пекли в дни самых важных событий в жизни человека: на родины (рождение), на крестины, на свадьбу, на поминки.

✳ Приготовление блинов в старину было настоящим ритуалом. Хозяйка замешивала тесто в одиночестве, в тишине, в строгой тайне от всех. В тесто добавляли снег — символ зимы. Пекли блины только после восхода месяца и появления первых звёзд. Делалось это для того, чтобы злые силы не испортили тесто, не навредили хозяйке и её здоровью.

✳ В праздновании Масленицы соединились черты многих древних языческих культов. Один из них — культ предков. Первый блин обычно не ели, его клали на окно для душ умерших родителей. Считалось, что лучшее угощение для них — пар горячего блина. Именно поэтому блины никогда не резали, а рвали руками, чтобы появился пар и души предков «пришли угоститься».

✳ В старину в последний день Масленицы оставшиеся блины бросали в костёр, в котором сжигали чучело Масленицы. Огонь считался символическим переходом из мира живых в мир предков, и таким образом люди «возвращали» земле её силу.

Поговорим?

Какие праздники отмечают в вашей стране зимой? Как они называются? Расскажите о традициях их празднования.

У вас есть какие-нибудь зимние увлечения? А какие зимние виды спорта вам нравятся?

Как вы понимаете смысл пословицы «Не всё коту масленица, будет и Великий пост»? В каких ситуациях можно так сказать?

КАК ПРАЗДНУЮТ МАСЛЕНИЦУ СЕГОДНЯ

Посмотрите в словаре значение слов:

пуга́ть/испуга́ть (*кого?*), залеза́ть/зале́зть (*куда?*), ско́льзкий, аплодисме́нты, поля́на, перетя́гивать/перетяну́ть (*кого? что?*), кана́т, штурм, атакова́ть (*кого? что?*), глухо́й, хи́трый, ассортиме́нт, начи́нка, тво́рог, реце́пт, те́сто.

В некоторых деревнях ещё празднуют Масленицу по старым обычаям. По улицам ходят ряженые, которые развлекают и пугают прохожих, поют песни и частушки. Молодёжь участвует в разных весёлых конкурсах, например таком: надо залезть на облитый водой столб и снять с него приз (обычно это мягкая игрушка, бутылка водки или колбаса). На морозе вода сразу замерзает, и столб становится очень скользким. Но это не останавливает участников, и некоторые в конце концов достигают вершины (под аплодисменты зрителей).

И в городах постепенно возрождаются обычаи, связанные с праздником Масленицы. В парках и на площадях города устраивают гулянья с весёлыми представлениями, концертами, конкурсами, танцами. Там же можно попробовать блины с мёдом, сгущёнкой[1] и джемом. Масленичные гулянья проходят и за городом, их устраивают клубы любителей русской культуры. На большой лесной поляне заранее строят масленичный городок: снежную крепость, горки, фигуры из снега и льда. На праздник приезжают большими компаниями — с друзьями, с детьми. Провожают зиму по традиции весело: с песнями, хороводами и блинами. Взрослые с удовольствием играют в старинные игры: перетягивают канат, бьются «стенка на стенку», устраивают

---

[1] Сгущёнка — консервированное густое молоко с сахаром. Со сгущёным молоком едят блины, оладьи, его используют для приготовления кондитерских изделий, тортов или добавляют в кофе.

Как празднуют Масленицу сегодня

шуточный бой подушками. Затем наступает самый весёлый момент праздника — штурм снежной крепости (одна команда атакует крепость, а другая защищает). Заканчивается праздник большим костром, в котором сжигают куклу-Масленицу.

Школьники и студенты ездят на экскурсии в старинные русские города, где сами участвуют в масленичных обрядах. Актёры в русских народных костюмах встречают гостей по старинному обычаю песнями-приветствиями. Гости с помощью актёров разыгрывают весёлый импровизированный спектакль: кто-то изображает старую глухую тёщу, кто-то — молодого хитрого зятя. Заканчивается представление традиционным чаепитием с блинами.

Все рестораны, кафе, буфеты и столовые предлагают разные блины во время Масленицы. Ассортимент начинок становится всё шире: от традиционных (с маслом, со сметаной, с икрой, с рыбой, с грибами, с творогом, с вареньем, с мёдом) до самых необычных (с морепродуктами или экзотическими фруктами). Газеты и журналы публикуют старинные и новые рецепты блинов, по телевидению дают советы, как правильно приготовить тесто, чтобы **пе́рвый блин не́ был ко́мом**.

Может быть, уже не все помнят, как называются дни масленичной недели, но до сих пор говорят о приятном, радостном, счастливом времени: «Не жизнь, а масленица!»

---

1. Как в наши дни празднуют Масленицу в деревнях?
2. Где проходят городские масленичные гулянья?
3. В какие старинные игры играют во время Масленицы?
4. Как называется самый весёлый момент праздника?
5. С чем сегодня едят блины?

Упражнения

1. Продолжите ряд.

Праздновать Масленицу, Новый год, день рождения, ...
Пугать прохожих, детей, зрителей, ...
Участвовать в обрядах, в играх, в конкурсах, ...
Достигать вершины, успеха, результатов, ...
Попробовать блины, торт, варенье, ...
Блины с мёдом, с вареньем, со сметаной, ...
Провести фестиваль, концерт, выступление, ...
Ездить на экскурсии, в деревню, к бабушке, ...

2. Замените выделенные слова словами из текста.

1. В некоторых деревнях ещё празднуют Масленицу, **соблюдая старые обычаи**.

2. Но это не останавливает участников, и некоторые в конце концов **добираются до вершины** (под аплодисменты зрителей).

3. Гости с помощью актёров разыгрывают весёлый **не подготовленный заранее** спектакль: кто-то **играет** старую глухую тёщу, кто-то — молодого хитрого зятя.

4. **В газетах и журналах печатают** старинные и новые рецепты блинов, по телевидению **советуют**, как правильно **сделать** тесто.

5. **Возможно**, уже не все помнят **названия дней Масленицы**, но до сих пор говорят о приятном, радостном, счастливом времени: «Не жизнь, а масленица!»

Поговорим?

Какие конкурсы и игры можно было бы придумать для праздника Масленицы? В какие игры играют в вашей стране во время каких-нибудь праздников? А какие традиционные конкурсы устраивают?

Какие спортивные игры вы знаете? Какая спортивная игра ваша любимая? В какие игры вы любили играть в детстве?

ПАСХА

Посмотрите в словаре значение слов:

ра́бство, ве́чный, же́ртва, искупле́ние, грех, кра́сить/покра́сить (*что?*), шелуха́, возглавля́ть/возгла́вить (*кого? что?*), фона́рь, приве́тствовать/поприве́тствовать (*кого?*), о́корок, бара́шек, за́йчик, освяща́ть/освяти́ть (*что?*).

Пасха — самый торжественный и радостный праздник православных христиан. Это праздник веры в торжество жизни над смертью, в победу добра над злом. Пасху называют Праздником Праздников, Торжеством из

Торжеств и Светлым Христовым Воскресением. Светлой седмицей называется и неделя после праздника Пасхи, так как это время особой — светлой — духовной радости.

Ветхозаве́тная[1] Пасха была установлена древними иудеями в память о выходе евреев из Египта и освобождению от египетского рабства. Новозаве́тная[2]

---

[1] Ве́тхий Заве́т — древнее Священное Писание (священные тексты) иудеев и христиан.

[2] Но́вый Заве́т — священные тексты второй части Библии, признаваемые только христианами.

Пасха

Пасха установлена христианами в память о жертве Христа, о его смерти на кресте и о воскресении. Смысл христианской Пасхи — в спасении всех верующих людей от духовной смерти, даровании им вечной жизни благодаря искуплению Христом человеческих грехов.

Перед Пасхой проходит Великий пост, который длится семь недель. Это самый длительный пост православного календаря. Последняя неделя поста называется Страстной, потому что напоминает о страданиях (страстях) последних дней земной жизни Христа. Все дни Страстной недели называются Великими.

В старину подготовка к Светлому Христову Воскресению начиналась в Великий понедельник: женщины стирали, мыли окна и полы, наводили порядок в доме. До сих пор в народе Великий четверг называют чистым: в этот день заканчивают уборку и готовят специальные ритуальные блюда: пекут **кули́ч**, делают **творо́жную па́сху** и красят яйца. Пасхальные яйца обычно красят луковой шелухой в красный цвет — символ крови Христа. В четверг, в пятницу и в субботу пост самый строгий, в старину в эти дни все, кроме маленьких детей и стариков, обязательно ходили на службу в храм.

Пасхальная служба начинается в полночь субботы с колокольного звона — бла́говеста. Затем христиане совершают крестный ход — обходят церковь, символически встречая Христа. Возглавляют крестный ход священники, которые несут фонарь (символ божественного света), кресты

и иконы. Войдя после крестного хода в церковь, священник поздравляет православных с праздником: «Христос воскрес!», верующие отвечают: «Вои́стину[1] воскрес!» Этими же словами православные приветствуют друг друга в день Пасхи.

Дома садятся за праздничный стол. Чего только не было в старину на пасхальном столе: разнообразные колбасы, ветчи-

---

[1] Вои́стину (*книжн.*) — действительно, на самом деле.

на, окорок, пироги, пирожки, пряники в форме барашков, зайчиков и птичек. Не случайно пасхальную неделю называли самым «вкусным» временем года. Но главным украшением стола были и остаются освящённые в церкви кулич, творожная пасха и крашеные яйца. Сначала принято есть освящённые блюда, а затем — всё остальное.

М. Германов. «Пасхальный стол»

В наши дни правила празднования уже не соблюдаются так строго, как раньше. Куличи пекут тогда, когда есть время (в четверг, в пятницу, в субботу). А часто вообще покупают в магазинах. Не все делают творожную пасху, ведь это достаточно длительный процесс. Зато многие красят яйца: для этого не нужно много времени и есть возможность проявить фантазию.

С каждым годом становится всё больше людей, которые соблюдают перед Пасхой пост, приходят накануне праздника в храм не только освятить пасхальные блюда, но и на торжественную службу. Всё больше тех, кто с «чистой душой» встречает радостный праздник.

1. Как называют неделю после Пасхи? Почему?
2. В память о каких событиях установлена христианская Пасха?
3. Почему Страстная неделя так называется?
4. Какие ритуальные блюда готовят к Пасхе?
5. С чего начинаются пасхальные торжества?
6. Как приветствуют друг друга православные в день Пасхи?
7. Как россияне празднуют Пасху сегодня?

Упражнения

1. Выберите вариант, по смыслу наиболее близкий информации, данной в тексте.

1) а. Самый главный праздник православных христиан — это Пасха.
   б. Пасха — один из важнейших праздников православных христиан.

2) а. Пасхальные яйца красят только в красный цвет.

б. Пасхальные яйца чаще всего красят в красный цвет.

3) а. Пасхальную неделю называли самым «вкусным временем года», потому что праздничный пасхальный стол — разнообразный и богатый.

б. Пасхальную неделю называли самым «вкусным временем года», потому что на Пасху ели очень много.

4) а. В наши дни не все делают творожную пасху, потому что для этого нужно много времени.

б. В наши дни не все делают творожную пасху, потому что она очень калорийная.

5) а. Многие по традиции красят яйца, потому что это быстро и интересно.

б. Многие по традиции красят яйца, потому что это интересное, хотя и достаточно длительное занятие.

6) а. Многие люди приходят в субботу, накануне праздника, в церковь, чтобы освятить пасхальные блюда.

б. Людей, которые приходят в субботу перед Пасхой в церковь, чтобы освятить пасхальные блюда и посетить торжественную службу, становится больше с каждым годом.

2. Решите кроссворд.

По горизонтали:

1. Главный праздник православных христиан.

4. Этот праздник ещё называют Воскресение…

5. Традиционный цвет крашеных яиц.

6. Время года, когда празднуют Пасху.

По вертикали:

2. День недели, когда празднуют Пасху.

3. Одно из трёх ритуальных пасхальных блюд.

5. Традиционное блюдо, которое пекут к Пасхе.

А знаете ли вы, что...

* Существует несколько версий происхождения слова «пасха».

Одна связывает его с древнееврейским словом «пейсах» (в переводе «прохождение, переход»); другая — с греческим «пасхейн» (что значит «страдать»); а третья — с ассирийским словом «пасаху» (которое обозначает «умиротворять»).

* Праздновать Пасху начали очень давно, около 5 тысяч лет назад. Первоначально это был семейный еврейский праздник кочевников в честь бога Яхве, которому приносили жертву — ягнёнка. Считали, что кровь ягнёнка обладает магической силой, поэтому этой кровью мазали двери дома, чтобы защитить его от неприятностей.

* Сроки христианской Пасхи подвижны, этот день приходится на разные числа и даже разные месяцы. Православные празднуют Пасху в первое воскресенье после первого весеннего полнолуния после дня весеннего равноденствия (21 марта), т. е. не ранее 4 апреля и не позднее 8 мая (по григорианскому календарю).

* На Руси подарки к Пасхе обычно не дарили, просто обменивались сувенирными пасхальными яйцами, которые делали из дерева, из камня, из кости. В кондитерских продавали яйца из шоколада и сахара. Ювелиры делали яйца из золота и серебра, фарфора и хрусталя, цветного и прозрачного стекла.

* На Пасху играли в разные игры: качались на качелях, водили хороводы. Но самой известной игрой было катание яиц (с горки, по столу, по полу). Чьё яйцо дальше укатится — тот победил.

* Пасхальная неделя посвящалась в основном благотворительным делам. Цари в первый день Пасхи посещали монастыри, больницы, приюты и тюрьмы, дарили одежду, раздавали милостыню. Богатые люди выкупали должников из тюрьмы, посылали заключённым угощение.

* В Санкт-Петербурге есть церковь, которую в народе называют «Кулич и Пасха». Здание храма имеет форму, напоминающую пасхальный кулич, а колокольня — форму четырёхгранной пирамиды.

Храм Пресвятой Троицы («Кулич и Пасха»)

Поговорим?

Празднуют ли Пасху в вашей стране? Если да, то как?
Готовят ли что-нибудь особенное к пасхальному столу?
Принято ли у вас на родине дарить к празднику Пасхи подарки?

ПАСХАЛЬНЫЕ ПРИМЕТЫ

Посмотрите в словаре значение слов:

пожа́р, скорлупа́, шепта́ть/прошепта́ть, холосто́й, уло́в, охо́тник, пу́ля, предска́зывать/предсказа́ть (*что?*), сверка́ть/сверкну́ть, румя́ный, му́ха, свида́ние, чеса́ться/зачеса́ться, губа́, проспа́ть, ревни́вый.

Много примет связано с праздником Пасхи. Считается, например, что освящённое пасхальное яйцо может остановить пожар: достаточно бросить в огонь скорлупу. Верили, что если пасхальное яйцо приложить к больному месту, оно вылечит от любых болезней.

Во время пасхальной службы в церкви девушки шептали: «Воскресение Христово! Пошли мне жениха холостого!», «Дай Бог жениха хорошего, в сапогах да с кало́шами[1], не на корове, а на лошади!»

Рыбаки в ответ на приветствие священника «Христос воскрес!» негромко говорили: «У меня рыба есть!», надеясь на будущий хороший улов.

У охотников было «золотое правило»: не охотиться на пасхальной неделе. Считалось, что каждое живое существо радуется Воскресению Христа, и убить в это время животное — большой грех. На праздничной службе в церкви охотники негромко отвечали священнику на приветствие «Христос воскрес!» словами: «У меня пуля есть!» Они верили, что весь следующий год будет удачным для охоты.

Было много примет, по которым предсказывали погоду. Например, если на Пасху небо ясное и солнце «играет» (сверкает), значит, будет хороший урожай и тёплое лето. Если в первый день Пасхи идёт дождь, значит, весна будет дождливая. Если на второй день Пасхи дождь, тогда лето будет дождливое, а если в этот день пасмурно — лето будет сухое.

Девушки верили, что если на Пасхальной неделе умываться водой, в которой лежит крашеное яйцо, то лицо будет красивым и румяным. Для того, чтобы помолодеть, такой водой умывались ранним пасхальным утром и пожилые женщины и даже старухи. Если в тарелку со щами или кашей падала муха, это означало, что будет свидание. А если к тому же чесалась губа — это значило, что будут поцелуи. Считалось, что если девушка проспит утреннюю пасхальную службу в церкви, то у неё будет плохой муж — злой, ревнивый и пьяница.

1. Какими свойствами, по поверьям, обладает пасхальное яйцо?
2. Что шептали девушки во время пасхальной службы в церкви?
3. По каким пасхальным приметам предсказывали погоду?
4. Какая примета «обещала» девушкам красоту?

---

[1] Кало́ши – резиновая обувь, которую надевали поверх сапог или ботинок для защиты от грязи или воды.

Упражнения

1. Дополните предложения словами из текста.

1) Много примет связано...
2) Рыбаки в ответ на приветствие священника «Христос воскрес!» негромко говорили: ...
3) У охотников было «золотое правило»: ...
4) Например, если на Пасху небо ясное и солнце «играет» (сверкает), значит...
5) Если в первый день Пасхи идёт дождь, значит...
6) Если в тарелку со щами или кашей падала муха, это означало, что...

2. Восстановите видовые пары глаголов.

верить — ...	... — бросить
надеяться —	... — вылечить
предсказывать — ...	... — послать
умываться — ...	... — убить
падать — ...	... — проспать

Составьте словосочетания или предложения с каждым из этих глаголов.

А знаете ли вы, что...

✳ Считалось, что начиная с праздника Пасхи ворота в рай не закрываются в течение 40 дней. Было поверье, что все эти 40 дней по земле ходят Христос с апостолами и смотрят, правильно ли живут люди. Поэтому в некоторых местах запрещалось в этот период что-либо выбрасывать или выливать в окно, говорили: «Христос под окнами ходит».

✳ Во вторник Пасхальной недели было принято обливать водой или сталкивать в реку тех, кто проспал праздничную службу в церкви. Этот день в некоторых местах называли «купальница».

✳ Субботу Пасхальной недели в народе также называли «хороводница», так как она была разгаром молодёжного веселья.

Поговорим?

Как вы думаете, что такое «золотое правило»? Есть ли у вас свои «золотые правила» в жизни? Какие «золотые правила», по-вашему, должны соблюдать студенты? Какие «золотые правила» должен соблюдать каждый человек?

Попробуйте сами придумать продолжение «приметы»:

• Если вашу внучку зовут Снегурочка, то...
• Если из вашего окна видна Красная площадь, то...
• Если вы перед едой всегда считаете калории, то...
• Если накануне экзамена была вечеринка, то...
• Если ваша собака — ваш лучший и единственный друг, то...
• Если вы носите обручальное кольцо, то...
• Если вы иногда забываете, как вас зовут, то...

«ПЕРВОЕ АПРЕЛЯ – НИКОМУ НЕ ВЕРЮ!»

Посмотрите в словаре значение слов:

нело́вкий, за́навес, на́дпись, заме́тка, ма́монт (мамонтёнок), переку́сывать/перекуси́ть, кит, ме́лкий, увольня́ть/уво́лить (*кого?*), до́лжность, невпопа́д (*как?*), кошма́р.

1 апреля — День смеха, неофициальный праздник юмора. В этот день принято подшучивать над коллегами, родственниками и знакомыми. Шутки и розыгрыши могут быть разными, главное — они должны веселить людей, а не ставить их в неловкое положение.

В России этот день стали отмечать при Петре I. Сам царь оказался одним из первых, кого разыграли 1 апреля. В 1700 году труппа немецких артистов дала объявление о том, что 1 апреля в театре будет необыкновенное представление: актёр залезет в бутылку. Публика пришла, зал был полон, но когда занавес поднялся, на сцене оказался только лист с надписью: «Апреля первое число».

Сегодня на смену старинной шутке «А у вас вся спина белая!» приходят новые розыгрыши. Газеты и журналы в этот день стараются обмануть своих читателей, и это им иногда удаётся. Однажды в первоапрельском номере одной газеты появилась заметка о замороженном мамонтёнке, которого нашли где-то на Чуко́тке[1]. Затем его привезли в Москву, где он оттаял и ожил. Многие поверили этой шутке и искали мамонтёнка в зоопарке. В другой газете на-

---

[1] Чуко́тка — полуостров на северо-востоке России.

писали о том, что в поездах метро появился вагон-буфет, где москвичи и гости столицы смогут быстро перекусить. У дежурных в метро потом много раз спрашивали, по какой линии ходит поезд с буфетом. По телевидению 1 апреля показали репортаж о ките, который приплыл в Москву по Москве-реке. Учёные показывали на карте путь кита-путешественника от Белого моря до Москвы и размышляли, как большой кит мог проплыть по узким и мелким рекам.

Некоторые газеты стараются подготовить своих читателей к этому дню и публикуют специальные советы.

Совет № 1. *Не расслабляйтесь.* Не расстраивайтесь, если на работе вам сообщат, что вы уволены или вам сократили зарплату. Но и не радуйтесь, если вам скажут, что вас повысили в должности. Скорее всего это первоапрельская шутка.

Совет № 2. *Расслабьтесь.* Если вы будете каждую секунду ожидать розыгрыша, не к месту улыбаться и смеяться невпопад, весь день для вас может стать кошмаром.

Совет № 3. *Шутите по-доброму.* Постарайтесь никого не обидеть своими шутками, подумайте, прежде чем пошутить. Вряд ли шутка «звонили твои соседи, у тебя дома пожар!» понравится вашему знакомому.

Совет № 4. *Не обижайтесь на чужие шутки,* даже если они не очень смешные. Ведь у каждого человека своё чувство юмора. Улыбнитесь весеннему солнцу и помните: смех делает жизнь длиннее!

---

1. Когда в России начали отмечать День смеха?
2. Какие шутки появляются в газетах и по телевидению 1 апреля?
3. Какие советы помогут пережить День смеха без потерь?

Упражнения

1. **Замените выделенные слова словами из текста.**

1) В этот день **по традиции шутят** над **сослуживцами**, родственниками и знакомыми.
2) Шутки и розыгрыши могут быть разными, главное — они должны **смешить и радовать** людей, а не ставить их в **неудобное** положение.
3) В России этот день стали отмечать **во времена Петра I**.
4) Публика пришла, **в зале не было свободных мест**, но когда занавес поднялся, на сцене оказался только лист, **на котором было написано**: «Апреля первое число».
5) Сегодня **вместо старинной шутки** «А у вас вся спина белая!» **появляются** новые розыгрыши.
6) Газеты и журналы в этот день **пытаются разыграть** своих читателей, и это **у них** иногда **получается**.
7) **Не огорчайтесь**, если на работе вам **скажут**, что **вас уволили** или вам **понизили** зарплату.

8) Если вы будете каждую секунду **ждать** розыгрыша, не к месту улыбаться и смеяться **когда не надо**, весь день для вас может **оказаться** кошмаром.

9) Улыбнитесь весеннему солнцу и **не забывайте**: смех **продлевает** жизнь!

2. Напишите антонимы.

веселить — ...
необыкновенный — ...
полный — ...
подняться — ...
старинный — ...
найти — ...
быстро — ...

узкий — ...
мелкий — ...
сократить — ...
радоваться — ...
повысить — ...
смешной — ...
помнить — ...

Составьте словосочетания или предложения с каждым из этих слов.

А знаете ли вы, что...

✳ По одной из версий, День смеха возник в Древнем Риме, где в середине февраля отмечали праздник в честь бога Смеха. По другой — праздник пришёл из древней Индии, где 31 марта отмечали День шуток.

✳ На Руси верили, что в этот день после зимнего сна просыпается **домово́й**, от которого можно ждать разных неприятностей. Например, он может сделать так, что у хозяев пропадёт какая-нибудь вещь. В таком случае нужно было привязать к ножке стола или стула платок и сказать: «Чур-чур, поиграй и отдай!», после чего вещь окажется на самом видном месте. Чтобы сбить домового с толку, нужно было обманывать друг друга. Считалось, что если девушка обманет в этот день как можно больше людей, то после свадьбы она сможет «водить мужа за нос».

✳ В Одессе (Украина), на родине особого одесского юмора, 1 апреля отмечают официально. В День смеха здесь проводят комические парады, карнавальные шествия, представления, а также большой ежегодный фестиваль «Юморина», на котором выступают известные комедийные артисты, сатирики и пародисты.

Поговорим?

Существует ли в вашей стране праздник смеха или юмора? Как он называется? Когда и как его отмечают? Предложите свой вариант проведения Дня смеха в вашем университете (в школе, на работе).

Вы когда-нибудь разыгрывали своих друзей или знакомых? А вас когда-нибудь разыгрывали?

Как по-вашему, чувство юмора — это врождённое качество или его можно в себе развить?

Как вы думаете, что ещё, кроме смеха, может продлить жизнь?

ДОПОЛНИТЕЛЬНЫЕ МАТЕРИАЛЫ ДЛЯ ЧТЕНИЯ

Новый год и Рождество

Новогодние великомученики
(По А. Чехову)

Если бы не праздничное выражение на лицах дворников и городовых, то можно было бы подумать, что к городу подступил неприятель. Взад и вперёд, с треском и шумом снуют парадные сани и кареты... На тротуарах, высунув языки и тараща глаза, бегут визитёры... [...]

У одного из подъездов на тротуаре лежит прилично одетый человек в бобровой шубе и новых резиновых галошах... [...] Повозившись с ним минут пять и не приведя его в чувство, блюстители кладут его на извозчика и везут в приёмный покой...

В приёмном покое, полежав часа полтора и выпив целую склянку валерьяны, чиновник приходит в чувство... [...]

— Что у вас болит? — спрашивает его полицейский врач.

— С Новым годом, с новым счастьем... — бормочет он, тупо глядя в потолок и тяжело дыша.

— И вас также... Но... что у вас болит? Отчего вы упали? Припомните-ка! Вы пили что-нибудь?

— Не... нет...

— Но отчего же вам дурно сделалось?

— Ошалел-с... Я... я визиты делал... [...]

— Вы утомились... Отдохните немного, и мы вас домой отправим...

— Нельзя мне домой... — ...Нужно ещё к зятю Кузьме Вавилычу сходить... к экзекутору, к Наталье Егоровне... У многих я ещё не был...

— И не следует ходить.

— Нельзя... Как можно с Новым годом не поздравить? Нужно-с... Не сходи к Наталье Егоровне, так жить не захочешь... Уж вы меня отпустите, доктор, не невольте...

Чиновник медленно одевается, кутается в шубу и, пошатываясь, выходит на улицу.

— Ещё пятерых чиновников привезли! — докладывает городовой. — Куда прикажете положить?

102

Ёлка у Толстых
(Воспоминания Н.И. Цветкова в публикации А.М. Кураковой)

На усадьбе в доме Кузминской Татьяны Андреевны Толстые устраивали ёлку на Рождество и всегда приглашали крестьянских детей, для чего отводили специально один какой-то вечер. Помню, и я был на ёлке.

В 1909 г. мать повела меня на «ёлку». [...] Подошли мы к дому Кузминских — никого нет. Все дети уже вошли в дом и были у наряженной ёлки, которая стояла на втором этаже дома. Мама говорила мне: «Иди, Коля. По лестнице наверх — там увидишь». Я же не шёл, боялся, мне было 5 лет.

В этот момент вышел из дома Лев Николаевич и спросил у мамы: «А этот мальчик почему не идёт?» Мама ответила: «Он, ваше сиятельство, боится». Тогда Л.Н. подошёл ко мне, нагнулся и сказал: «Ну, чего ты боишься, садись ко мне на спину!» [...] Принеся меня к ёлке, вокруг которой стояли крестьянские дети, одетые в разноцветные рубашки и платья, Л.Н. спросил: «Куда тебя поставить?» — я указал соседскую девочку Сашу Цветкову. Он поставил меня в круг детей, взял за руки стоящих рядом с ним. Мы стали петь какую-то новогоднюю песенку, прохаживаясь вокруг красиво наряженной ёлки. А в стороне, у входа в другую комнату, стояли гости и семейные Л.Н., смотрели на нас, разных ребятишек. Мы поиграли какое-то время у ёлки, посмотрели на зажжённые на ней фонарики и стали расходиться по домам. На прощанье нам, детям, Л.Н. Толстой давал каждому подарки. Помню, мне подарили снегурки-коньки и гостинцы: пастилу, жамки, конфеты, золочёные грецкие орехи и яблоки. Платочек, в который завёртывались гостинцы, был с рисунком: петушками, зайцами, обезьянами, барабанчиками и др.

Лето Господне
(По И. Шмелёву)

Наше Рождество подходит издалека, тихо. Глубокие снега, морозы крепче. Увидишь, что мороженых свиней подвозят, — скоро и Рождество. Шесть недель постились, ели рыбу. [...] Зато на Рождество — свинину, все... [...]

Перед Рождеством, дня за три, на рынках, на площадях — лес ёлок. А какие ёлки! Этого добра в России сколько хочешь... [...] На Театральной площади, бывало, — лес. Стоят, в снегу. А снег повалит — потерял дорогу! [...] Народ гуляет, выбирает. [...] Сбитенщики ходят, аукаются в ёлках. «Эй, сладкий сбитень! Калачики горячи!..» В самоварах на долгих дужках — сбитень. Сбитень? А такой горячий, лучше чая. С мёдом, с имбирём, — душисто, сладко. [...]

В Сочельник, под Рождество, бывало, до звезды не ели. Кутью варили из пшеницы, с мёдом, взвар — из чернослива, груши, шепталы... Ставили под образа, на сено. Почему?.. А будто — Дар Христу. [...]

И звон услышишь. И будто это звезды — звон-то! Морозный, гулкий — прямо серебро. Такого не услышишь, нет. Не Пасха, перезвону нет, а стелет звоном, кроет серебром, как пенье, без конца-начала... [...] Ко всенощной. Выйдешь — певучий звон. И звёзды. [...] По улице — сугробы, горы. [...] Звёздный звон, певучий, — плывёт, не молкнет; сонный, звон-чудо, звон-виденье, славит Бога в вышних, — Рождество.

Идёшь и думаешь: сейчас услышу ласковый напев-молитву, простой, особенный какой-то, детский, тёплый... [...] И почему-то кажется, что давний-давний тот напев священный был всегда. И будет. [...]

Идёшь из церкви... всё — другое. Снег — святой. И звёзды — святые, новые, рождественские звёзды. Рождество! [...]

И в доме — Рождество. Пахнет натёртыми полами, мастикой, ёлкой. Лампы не горят, а всё лампадки. Печки трещат-пылают. Тихий свет, святой. [...] А завтра!

А вот и завтра. [...]

Топотом шумят в передней. Мальчишки, славить... [...] Мишка Драп несёт Звезду на палке — картонный домик: светятся окошки из бумажек [...] свечки там. [...] Совсем не похоже на Звезду, но всё равно. Мишка Драп машет домиком, показывает, как Звезда кланяется Солнцу правды. [...]

Позванивает в парадном колокольчик и будет звонить до ночи. Приходит много людей поздравить. [...]

Широкая печь пылает. Какие запахи. Пахнет мясными пирогами, жирными щами со свининой, гусем и поросёнком с кашей... — после поста так сладко. Это густые запахи Рождества, домашние. [...] И всё-то праздничное на кухне даже: на полу новые рогожки, добела выскоблены лавки, блещет сосновый пол, выбелен потолок и стены [...] Жарко, светло и сытно.

Гадальщики и гадальщицы
(подновогодние картинки)
(А. Чехов)

* * *

Старуха-нянюшка гадает папаше-интенданту.
— Дорога, — говорит она.
— Куда?
Нянюшка машет рукой на север. Лицо папаши бледнеет.
— Вы едете, — добавляет старуха, — а у вас на коленях мешок с деньгами...
По лицу папаши пробегает сияние.

* * *

Барышня стоит на дворе за воротами и ждёт прохожего. Ей нужно узнать, как будут звать её суженого. Идёт кто-то. Она быстро отворяет калитку и спрашивает:

— Как вас звать?

В ответ на свой вопрос она слышит мычанье и сквозь полуотворенную калитку видит большую тёмную голову... На голове рога...

«Пожалуй, всё верно, — думает барышня. — Разница только в морде».

* * *

Докторша гадает перед зеркалом и видит... гробы.

«Что-нибудь из двух, — думает она. — Или кто-нибудь умрёт, или у моего мужа будет большая практика...»

Русская народная сказка «Снегурочка»
(В адаптированной обработке И. Карнауховой)

Жили-были дед да баба. Всего у них было вдоволь: и корова, и овечка, и кот на печке, а вот детей не было. Очень они печалились, очень горевали.

Пришла зима, снегу выпало — по колено. Ребятишки соседские выбежали на улицу — на санках кататься, снежками бросаться, и стали снежную бабу лепить.

Смотрел на них дед из окошка и говорит бабе:

— Что, жена, сидишь, на чужих ребят глядишь? Пойдём и мы погуляем на старости лет — слепим и мы снежную бабу.

А старухе тоже повеселиться захотелось:

— Что ж, дед, пойдём! Только зачем нам бабу лепить, тебе и меня одной хватит! А давай-ка мы слепим из снега дочку — Снегурочку.

Сказано — сделано. Пошли старики во двор и стали снежную дочку лепить. Вылепили дочку, из голубых бусин глазки сделали, из красной ленточки — губки. Хороша получилась Снегурочка! Стоят дед с бабой — любуются.

А у Снегурочки-то ротик улыбается! Шевельнула Снегурочка ручками, затем ножками — и пошла по двору к избе.

Дед с бабой слова вымолвить не могут, стоят, будто к месту приросли.

— Дед, — закричала баба, — да у нас теперь есть доченька живая, Снегурочка дорогая!

И побежали дед с бабой в избу.

Живут дед с бабой, горя не знают: растёт Снегурочка не по дням, а по часам. Что ни день —становится всё краше. Дед с бабой на неё не насмотрятся, не налюбуются, не надышатся. А Снегурочка — красавица: как снежинка белая, глазки как звёздочки, коса русая до пояса. Только щёчки у неё не румяные.

Вот и зима прошла, весна пришла. Все люди радуются, девушки песни поют. А Снегурочка заскучала, всё в окошко глядит, всё слёзы льёт.

Вот и лето красное наступило. Зацвели цветы в садах, созревает хлеб в полях. А Снегурочка всё больше печалится, всё чаще от солнца прячется.

Дед и баба всё охают да ахают:

— Уж здорова ли ты, доченька?

— Я здорова, здорова, матушка!

— Хорошо ли тебе, милая?

— Хорошо мне, хорошо, батюшка!

Собрались как-то раз в лес все девушки. И зовут за собой Снегурочку:

— Пойдём да пойдём, Снегурочка!

— Пойдём да пойдём, подруженька!

Не хочется Снегурочке в лес идти, не хочется Снегурочке под солнце жаркое.

А тут и дед с бабкой говорят:

— Пойди, пойди, Снегурочка! Поиграй со своими подружками!

И пошла Снегурочка с подружками. Подружки по лесу ходят, хороводы водят, песни поют.

А Снегурочка нашла холодный ручеёк, возле него сидит, в воду глядит.

Вот и вечер пришёл. Разожгли девушки костёр, а потом давай через костёр прыгать. И зовут за собой Снегурочку. Не хочется Снегурочке прыгать. Да подружки зовут, не отпускают. Подошла к костру Снегурочка. Стоит у костра, лицо белое — ни кровинки нет. А подружки кричат ей весело:

— Прыгай, прыгай, Снегурочка!

— Прыгай, прыгай, подруженька!

Разбежалась Снегурочка, прыгнула... А как прыгнула — так и растаяла. Над костром белый пар поднялся, получилось из пара облачко. Полетело облачко в высь небесную.

В лесу родилась ёлочка...

Во многих странах на Рождество и на Новый год наряжают ёлку. А вы знаете, как появился этот обычай? Вот, послушайте, какая есть легенда.

Когда родился Христос, не только люди, но и деревья радовались этому. Но особенно были счастливы три дерева, которые росли рядом с пещерой, где лежал маленький Христос. Это были пальма, маслина и скромная ель. «Давай и мы поднесём Младенцу наши дары», — сказала пальма маслине. «Возьмите и меня с собой», — попросила ель. «А что ты можешь подарить? Свои колючие иголки?» — удивилась маслина. Пальма подарила Младенцу свой широкий лист, чтобы ему было прохладно в жару, маслина — своё ароматное масло. А ёлка грустно стояла в стороне. Всё это видел Ангел и захотел помочь скромной ёлке. Он украсил её ветви звёздами с неба так, что вся ёлка засверкала огоньками. И когда Младенец проснулся, то сразу улыбнулся и протянул к ёлке руки. А ёлка не стала собой гордиться и осветила своим блеском и пальму, и маслину. Ангел сказал: «Ты — доброе дерево и за это каждый год будешь самой красивой и нарядной, а маленькие дети будут веселиться и радоваться рядом с тобой».

Санта-Клаус и Дед Мороз

Очень-очень давно, семнадцать веков назад, в Римской империи, в небольшом городке у моря жил мальчик. Звали его Николай. Он был совсем не похож на других детей, которые целый день играли на улице, бегали и кричали. Николай был очень добрым ребёнком. Он помогал донести тяжёлые вещи старикам, приносил лекарства больным, кормил голодных. От этого другие люди тоже становились добрее и тоже старались кому-нибудь помочь.

Всю жизнь Николай спасал людей — бедных и богатых, известных и незнакомых. После смерти Николая люди стали почитать его как святого и верили, что именно он приносит каждому ребёнку подарок на Рождество.

В России святого Николая называют Николаем Чудотворцем или Николаем Угодником, а в Европе — Санта-Клаусом.

На Санта-Клауса немного похож русский Дед Мороз. Хотя Дед Мороз — собирательный образ. В нём есть черты древнего языческого Морозко, довольно злого существа, и фольклорного деда Трескуна, тоже не очень симпатичного. Дед Мороз поначалу тоже был очень строгим и суровым. Но со временем подобрел и даже стал настоящим дедушкой — у него появилась внучка Снегурочка. А когда он стал приходить к детям с мешком подарков, оказался похож и на святого Николая.

Мой любимый день в третьем классе
(Школьное сочинение)

Мой любимый день в третьем классе — это, конечно, Новый год. Больше всего мне понравилось, что у нас был новогодний карнавал. Мы ходили вокруг колючей ёлки. Там был, как обычно, фальшивый Дед Мороз. Только маленькие первоклашки думали, что это настоящий «дедушка Мороз».

Девочки были в костюмах снежинок, а мальчики — в костюмах бедных пиратов. Только у меня был красивый и богатый пиратский костюм. Мне его сшила мама. Ведь не все пираты были бедными и голодными. Я читал о капитане Флинте, у него было много сокровищ. А в фильмах я видел его в шикарном костюме. Варя сказала, что я похож на графа.

После карнавала мы в классе пили чай и ели разные сладости, а потом по очереди выступали. Девочки пели современные песни и танцевали. Мальчики показывали фокусы, читали смешные стихи, разыгрывали сценки.

В следующем году я буду с нетерпением ждать Нового года. Надеюсь, что он тоже будет моим любимым днём уже в четвёртом классе.

Андрей, 9 лет

К. Фофанов

* * *

Нарядили ёлку в праздничное платье;
В пёстрые гирлянды, в яркие огни,
И стоит, сверкая, ёлка в пышном зале,
С грустью вспоминая про былые дни.
Снится ёлке вечер месячный и звёздный,
Снежная поляна, грустный плач волков
И соседи-сосны, в мантии морозной,
Все в алмазных блёстках, в пухе из снегов.
И стоят соседи в сумрачной печали,
Грезят и роняют белый снег с ветвей...
Грезятся им ёлка в освещённом зале,
Хохот и рассказы радостных детей.

Р. Кудашёва

В лесу родилась ёлочка

В лесу родилась ёлочка,
В лесу она росла.
Зимой и летом стройная,
Зелёная была.

Метель ей пела песенку:
«Спи, ёлочка, бай-бай!»
Мороз снежком укутывал:
«Смотри, не замерзай!»
Трусишка зайка серенький
Под ёлочкой скакал.
Порою волк, сердитый волк
Рысцою пробегал.

Чу, снег по лесу частому
Под полозом скрипит —
Лошадка мохноногая
Торопится, бежит.
Везёт лошадка дровенки,
На дровнях старичок.
Срубил он нашу ёлочку
Под самый корешок.

И вот ты здесь, нарядная,
На праздник к нам пришла,
И много-много радости
Детишкам принесла.

И. Бродский

* * *

Спаситель родился
В лютую стужу.
В пустыне пылали пастушьи костры.
Буран бушевал и выматывал душу
Из бедных царей, доставлявших дары.
Верблюды вздымали лохматые ноги.
Выл ветер. Звезда, пламенея в ночи,
Смотрела, как трёх караванов дороги
Сходились в пещеру Христа, как лучи.

А. Блок

Рождество

Звонким колокол ударом
Будит зимний воздух.
Мы работали недаром,
Будет светел отдых.

    Серебрится лёгкий иней
    Около подъезда.
    Серебристые на синей,
    Ясной тверди звезды.

Как прозрачен, белоснежен
Блеск узорных окон!
Как пушист и мягко нежен
Золотой твой локон!

    Как тонка ты в красной шубке,
    С бантиком в косице!
    Засмеёшься — вздрогнут губки,
    Задрожат ресницы.

Веселишь ты всех прохожих —
Молодых и старых,
Некрасивых и пригожих,
Толстых и поджарых.

    Подивятся, улыбнутся,
    Поплетутся дале,
    Будто вовсе, как смеются
    Дети, не видали.

И пойдёшь ты дальше с мамой
Покупать игрушки
И рассматривать за рамой
Звёзды и хлопушки...

  Сёстры будут куклам рады,
  Братья просят пушек,
  А тебе совсем не надо
  Никаких игрушек.

Ты сама нарядишь ёлку
В звёзды золотые
И привяжешь к ветке колкой
Яблоки большие.

  Ты на ёлку бусы кинешь,
  Золотые нити,
  Ветки крепкие раздвинешь,
  Крикнешь: «Посмотрите!»

Крикнешь ты, поднимешь ветку
Тонкими руками...
А уж там смеётся дедка
С белыми усами!

Н. Некрасов

Отрывок из поэмы «Мороз, Красный нос»

  Не ветер бушует над бором,
  Не с гор побежали ручьи —
  Мороз-воевода дозором
  Обходит владенья свои.

  Глядит — хорошо ли метели
  Лесные тропы занесли,
  И нет ли где трещины, щели,
  И нет ли где голой земли?

  Пушисты ли сосен вершины,
  Красив ли узор на дубах?
  И крепко ли скованы льдины
  В великих и малых водах?

  Идёт — по деревьям шагает,
  Трещит по замёрзлой воде,
  И яркое солнце играет
  В косматой его бороде.

Тексты обрядовых песен

Песня обряда посевания

Сею, вею, посеваю,
С Новым годом поздравляю.
На Новый год, на ново счастье
Уродись, пшеничка,
Горох, чечевичка
На поле — копнами,
На столе — пирогами!

Песня обряда колядования

Пришла коляда
Накануне Рождества,
А дай Бог тому,
Кто в этом дому!
Наделил б вас Господь
И житьём, и бытьём,
И богатством.
И создай вам, Господи,
Ещё лучше того!

    Кто не даст ни копейки —
    Завалим лазейки,
    Кто не даст ни лепёшки —
    Завалим окошки,
    Кто не даст пирога —
    Сведём корову за рога,
    Кто не даст хлеба —
    Уведём деда.
    Кто не даст ветчины —
    Тем расколем чугуны.

Масленица

Блины
(По А. Чехову)

...Да, блины, их смысл и назначение — это тайна женщины, такая тайна, которую едва ли скоро узнает мужчина. [...]

Со времён доисторических женщина свято блюдёт эту тайну, передавая её из рода в род не иначе как только через дочерей и внучек. Если, храни бог, узнает её хоть один мужчина, то произойдёт что-то такое ужасное, что даже женщины не могут представить себе. Ни жена, ни сестра, ни дочь... ни одна женщина не выдаст вам этого секрета, как бы вы дороги ей ни были, как бы низко она ни пала. Купить или выменять секрет невозможно. Его женщина не проронит ни в пылу страсти, ни в бреду. [...]

Печение блинов есть дело исключительно женское... Повара должны давно уже понять, что это есть не простое поливание горячих сковород жидким тестом, а священнодействие, целая сложная система, где существуют свои верования, традиции, язык, предрассудки, радости, страдания... Да, страдания... Если Некрасов говорил, что русская женщина исстрадалась, то тут отчасти виноваты и блины... [...]

Я не знаю, в чём состоит процесс печения блинов, но ... [...] тут много мистического, фантастического и даже спиритического... Глядя на женщину, пекущую блины, можно подумать, что она вызывает духов или добывает из теста философский камень...

Во-первых, ни одна женщина [...] ни за что не начнёт печь блины 13-го числа или под 13-е, в понедельник или под понедельник. В эти дни блины не удаются. [...]

Во-вторых, накануне блинов всегда хозяйка о чём-то таинственно шепчется с кухаркой. Шепчутся и глядят друг на друга такими глазами, как будто сочиняют любовное письмо... [...]

В-третьих, женщины строго следят за тем, чтобы кто-нибудь из посторонних или из домочадцев-мужчин не вошёл в кухню в то время, когда там пекутся блины... Кухарки не пускают в это время даже пожарных. Если же кто-нибудь заглянет в черепяную банку и скажет: «Какое хорошее тесто!», то тогда хоть выливай — не удадутся блины!

[...] А домочадцы в это время, в ожидании блинов, шагают по комнатам и, глядя на лицо то и дело бегающей в кухню хозяйки, думают, что в кухне родят или же, по крайней мере, женятся.

[...] Первые три блина — это макулатура, которую может съесть Егорка... зато четвёртый, пятый, шестой и т. д. кладутся на тарелку, покрываются салфеткой и несутся в столовую [...]. Несёт сама хозяйка, красная, сияющая, гордая... Можно думать, что у неё на руках не блины, а её первенец.

[...] К вечеру барыня и кухарка от утомления не могут ни стоять, ни сидеть. Вид у них страдальческий... Ещё бы, кажется, немного, и они прикажут долго жить... [...]

Глядя на дам, следует всё-таки заключить, что в будущем блинам предстоит решение какой-либо великой, мировой задачи.

День защитника Отечества

Чей праздник — 23 Февраля?

(Школьные сочинения)

Настоящий мужчина — это тот, кто может помочь другим, спасти кого-нибудь... на кого можно положиться, кто не просто драчун, а защитник! 23 Февраля — это праздник именно таких людей. Но теперь его отмечают как праздник всех мальчиков и мужчин. Честных и нет. Добрых и нет.

Ещё это защитники Отечества, которые пошли на смерть ради страны... Они не выдадут своих, не предатели же! Они всегда постоят за свою семью, за своих детей! Я пока что не встретила в жизни настоящих мужчин. Но ещё встречу их обязательно!

Рита, 9 лет

Настоящий мужчина должен защищать слабых и женщин, а также сильных, но бедных. А может, этот мужчина сам бедный, но если вдруг пришёл друг или усталый путник, то он должен поделиться даже последней крошкой хлеба. А если он разбогатеет, то должен остаться таким же, как и был раньше. Если вдруг, не дай Бог, война, то мужчина должен быть самым храбрым, но не из-за медалей, а чтобы защитить родину и близких. Но он должен постараться вернуться, чтобы близкие не печалились.

Я уверен, что в истории каждой страны много настоящих мужчин.

Артём, 10 лет

23 Февраля — праздник настоящих мужчин. Настоящий мужчина не обязательно должен быть красивым и богатым. Он должен заступаться за слабых и быть честным, никогда никого не предавать. Он должен быть с хорошим умом. Защищать любого, кто попал в беду. Он не должен быть лентяем, лодырем или просто сидеть и смотреть телевизор. У него должно быть дело каждую минуту, он не должен откладывать дела на потом. Он не должен унижаться. Должен иметь хорошую работу, а лучше всего быть спортсменом. Он не должен быть очень упитанным, и он должен стараться быть мускулистым. Стараться не опаздывать. Красиво одеваться. Вести себя культурно. Ухаживать за близкими. Помогать им. Он не должен быть бандитом и вором. И не должен хвастаться.

Саша, 10 лет

Настоящий мужчина — это такой человек, который никогда не бросит в беде своих друзей и не обязательно друзей. И когда рядом такой человек, то ничего не страшно. Потому что знаешь, что тебя не бросят. И, конечно, он должен быть очень ласковым и добрым, потому что не только сила важна.

Нелегко, наверное, им быть!

Настя, 10 лет

Настоящий мужчина — этот тот, кто храбрый, смелый, трудолюбивый человек. Тот, кто никогда не причинит зла тому, кто меньше его, слабее и беззащитнее. Взрослый мужчина всегда должен заботиться о своей семье, родственниках и близких. Настоящий мужчина — не всегда какой-нибудь известный артист или спортсмен. Это может быть простой, обыкновенный человек. Если вдруг что-то случится, то настоящие мужчины пойдут в армию и встанут на защиту своей родины. Я считаю, что мой папа — самый настоящий мужчина. Он сможет помочь в самую трудную минуту. Он сможет что-то починить, отремонтировать, построить своими руками.

Вероника, 10 лет

Настоящий мужчина — это тот, кто никогда не жадничает и всем помогает. В моём классе нет настоящих мужчин. Но зато у меня на бальных танцах их целых два. Это Максим и Никита. Они очень любят хулиганить, бегать, носиться по залу, но я думаю, что в душе они добрые и вежливые. Они иногда толкаются, но потом они извиняются.

Лиза, 10 лет

8 Марта

Завтра восьмое марта!
(О. Чубарова)

Какой кошмар! Завтра восьмое марта!

Везёт Петьке: у него в семье только одна женщина — мама. А у меня мама, сестра, ещё сестра, бабушка и кошка. Ну ладно, кошка обойдётся без подарка. А что подарить остальным?

Между прочим, женщины должны в этот день ходить на демонстрации, за свои права бороться, а они сидят дома и ждут подарков.

Ну ладно... Старшей сестре я подарю последний номер «Космополитэн». Она обожает этот журнал. Младшей — новый чехол для мобильника. Она будет в восторге. Бабушке — спицы для вязания. Бабушка любит вязать и мечтает о новых спицах, таких, как у соседки Нины Петровны. А маме? Что же подарить маме? Мама не вяжет, книги читает только по медицине (мама у нас доктор).

Придумал! Я знаю, что подарить маме, — я брошу курить! Это будет лучший подарок.

Чей праздник — 8 Марта?
(Школьные сочинения)

Женщина — это девушка, которая бывает домохозяйкой, женой или любимой дочкой. У девочек, мам и бабушек есть свой любимый праздник —

8 Марта, Международный женский день. Девочки бывают добрыми, любительницами домохозяйства. Мне нравятся девочки, когда они одеваются хорошо. У них красивые волосы, глаза. Женщина должна любить какого-нибудь мужчину. Они всегда, когда подрастают, говорят о покупках, а мужья тащат их покупки. Женщины иногда любят покупать обувь. Любят ходить в парикмахерские. Я надеюсь встретить настоящую женщину.

Аркадий, 10 лет

Настоящая женщина должна быть: с чувством собственного достоинства, честной, справедливой, уметь готовить, стирать, подметать, мыть пол, мыть посуду. Должна быть: счастливой, весёлой, умной, доброй, красивой, неотразимой, экстравагантной, модной, подвижной, шутливой. У неё должна быть цель чего-то добиться, она должна быть деловой, сдержанной, сосредоточенной, с чувством юмора, эксклюзивной, привлекательной, стильной.

Лиза, 9 лет

Женщина должна готовить, и чтоб было много детей. Она должна быть умной, доброй, красивой. Жена — она должна готовить, а муж должен работать. Жена стирает. Когда женщина становится мамой, то она должна ухаживать за детьми. И растить из них мальчиков и девочек. Как наши бабушки. И даже дедушки. Вначале они тоже были детьми, как мы. Их тоже растили бабушки. И чтоб было будущее, нужны женщины!

Саша, 10 лет

Настоящая женщина — это девушка, которая умеет ухаживать за растениями, умеет готовить, стирать, гладить и убирать. Но иногда должен помогать и мужчина. Женщина должна быть доброй, красивой, аккуратной. Вот моя мама — тоже женщина. Она неплохо готовит, стирает и убирает. Моя бабушка — тоже женщина. У нас в семье — три женщины, и все они хорошо готовят, убирают и ухаживают за растениями. Иногда они ухаживают за своими мужчинами.

В семье должна быть женщина!

Потому что без неё всё будет пух и прах!

Гера, 10 лет

Пасха

Почему пасхальное яйцо — красное?

В Евангелии сказано, что Мария Магдалина и другие женщины пришли рано утром в воскресенье к пещере, где лежало тело Христа. Они принесли ароматические масла, чтобы по традиции помазать ими тело. Женщины увидели, что огромный камень, который закрывал вход в пещеру, находится в стороне, и очень испугались. Ещё больше они испугались, когда вошли внутрь — оказалось, что тела Иисуса там нет. И тогда явился ангел и возвестил им: «Он воскрес, Его нет здесь».

В те далёкие времена существовал обычай дарить друг другу яйца в знак уважения и почитания. Яйцо считалось символом Вселенной, символом тайны рождения жизни. Поэтому именно яйцо принесла в дар императору Тиберию Мария Магдалина, когда пришла сообщить ему весть о воскресении Христа. Но император не поверил: «Это так же невозможно, как и то, что вот это белое яйцо может вдруг стать красным». И в тот же миг яйцо стало красным.

С тех пор на Пасху христиане красят яйца и дарят их друг другу. Красное яйцо — символ радости воскресения и возрождения. А также символ крови Христа, пролитой на кресте.

И. Бунин

* * *

Христос Воскрес! Опять с зарёю
Редеет долгой ночи тень,
Опять зажёгся над землёю
Для новой жизни новый день.
Ещё в синеющих долинах
Плывут туманы... Но смотри:
Уже горят на горных льдинах
Лучи огнистые зари!
Они взойдут в красе желанной
И возвестят с высот небес,
Что день настал обетованный,
Что Бог воистину воскрес!

А. Майков

* * *

Повсюду благовест гудит,
Из всех церквей народ валит.
Заря глядит уже с небес...
Христос воскрес! Христос воскрес!
С полей уж снят покров снегов,
И реки рвутся из оков,
И зеленеет ближний лес...
Христос воскрес! Христос воскрес!
Вот просыпается земля,
И одеваются поля,
Весна идёт, полна чудес!
Христос воскрес! Христос воскрес!

Первое апреля

Из воспоминаний А.Г. Достоевской

«Как-то раз, под весну 1875 года Фёдор Михайлович вышел утром из своей спальни чрезвычайно нахмуренный. Я обеспокоилась и спросила его о здоровье.

— Совершенно здоров, — ответил Фёдор Михайлович. — Но случилась досадная история: у меня в постели оказался мышонок. Я проснулся, почувствовав, что что-то пробежало по ноге, откинул одеяло и увидел мышонка. Так было противно! — с брезгливою гримасой говорил Фёдор Михайлович. — Надо бы поискать в постели! — добавил он.

— Да, непременно же, — ответила я.

Фёдор Михайлович пошёл в столовую пить кофе, а я позвала горничную и кухарку и общими силами принялись осматривать постель: сняли одеяло, простыни, подушки, сменили бельё и, ничего не найдя, стали отодвигать столы и этажерки от стен, чтобы найти мышиную норку.

Заслышав поднятую нами возню, Фёдор Михайлович сначала окликнул меня, но так как я не отозвалась, то послал за мной кого-то из детей. Я ответила, что приду, как только окончу уборку комнаты. Тогда Фёдор Михайлович уже настоятельно велел просить меня в столовую. Я тотчас пришла.

— Ну что, нашли мышонка? — по-прежнему брезгливо спросил меня Фёдор Михайлович.

— Где его найдёшь? Убежал. Но страннее всего, что в спальне не оказалось никакой лазейки. Очевидно, забежал из передней.

— Первое апреля, Анечка, первое апреля! — ответил мне Фёдор Михайлович, и милая, весёлая улыбка разлилась по его доброму лицу».

День Победы

Вечный огонь
(Песня из к/ф «Офицеры»)

Стихи Е. Аграновича

От героев былых времён
Не осталось порой имён.
Те, кто приняли смертный бой,
Стали просто землёй и травой...
Только грозная доблесть их
Поселилась в сердцах живых.
Этот вечный огонь, нам завещанный одним,
Мы в груди храним.

Погляди на моих бойцов —
Целый свет помнит их в лицо.
Вот застыл батальон в строю —
Снова старых друзей узнаю.
Хоть им нет двадцати пяти,
Трудный путь им пришлось пройти.
Это те, кто в штыки поднимался как один,
Те, кто брал Берлин!

Нет в России семьи такой,
Где б не памятен был свой герой.
И глаза молодых солдат
С фотографий увядших глядят...
Этот взгляд — словно высший суд
Для ребят, что сейчас растут,
И мальчишкам нельзя ни солгать, ни обмануть,
Ни с пути свернуть.

К. Симонов

* * *

Жди меня, и я вернусь.
Только очень жди,
Жди, когда наводят грусть
Жёлтые дожди,
Жди, когда снега метут,
Жди, когда жара,
Жди, когда других не ждут,
Позабыв вчера.
Жди, когда из дальних мест
Писем не придёт,
Жди, когда уж надоест
Всем, кто вместе ждёт.

Жди меня, и я вернусь,
Не желай добра
Всем, кто знает наизусть,
Что забыть пора.
Пусть поверят сын и мать
В то, что нет меня,
Пусть друзья устанут ждать,
Сядут у огня,
Выпьют горькое вино
На помин души...

Жди. И с ними заодно
Выпить не спеши.

Жди меня, и я вернусь,
Всем смертям назло.
Кто не ждал меня, тот пусть
Скажет: — Повезло. —
Не понять не ждавшим им,
Как среди огня
Ожиданием своим
Ты спасла меня.
Как я выжил, будем знать
Только мы с тобой, —
Просто ты умела ждать,
Как никто другой.

День России

Ответы молодых россиян 1991 года рождения на вопрос журнала «Огонёк» (июнь, 2006 г.)
«ЧТО ТАКОЕ СССР?»

Люба Чамкина (город Шацк Рязанской области): «Ну... Россия так называлась раньше. Это, по-моему, союз нескольких республик. Каких — не знаю. СССР у меня ассоциируется с тремя словами: дисциплина, цель и твёрдость. Твёрдость и дисциплина — это характер народа. А цель тогда была — чтобы народ жил хорошо. Считаю, что это не получилось».

Катя Мосенкова (город Тверь): «Говорят, тогда было лучше, чем сейчас. Особенно хорошо было при Брежневе. Но тогда люди были скучные, слишком правильные. И фильмы у них были неинтересные, нравоучительные».

Оля Новгородская (город Пенза): «Власть такая была раньше в России, что ли... Там много стран объединялось: Таджикистан, Украина. Все страны вместе были, а сколько — без понятия. Мама и бабушка говорят, что тогда лучше было. Скорее всего власть лучше была, собраннее, люди — сплочённее. А как они отдыхали — не знаю...»

Игорь Гродницкий (город Красноярск): «Это страна объединённая. Тогда лучше жилось. Сейчас люди митинги устраивают, хотят жить без президентов и олигархов. В СССР, я думаю, было меньше всяких там мобильных телефонов и компьютеров, люди чаще встречались, гуляли и общались лично».

Дзерасса Теблоева (город Владикавказ): «Это Союз Советских Социалистических Республик. Это огромная могучая держава без терроризма и бандитизма».

День народного единства

Былина «Исцеление Ильи Муромца»

(В адаптированном пересказе Н. Колпаковой)

Жил в славном городе в Муроме крестьянин Иван Тимофеевич. Хорошо жил, всего в доме было вдоволь. Да одно горе у него было: сынок его любимый, Илья, ходить не мог — с детства ноги ему не служили. Сидел Илья на печке в избе родительской ровно тридцать лет.

Однажды ушли родители его в поле на работу крестьянскую. А к избе под окно старички пришли, нищие странники. Просят:

— Подай, нам, Илья, милостыню. Да угости нас пивом сладким.

Позвал их Илья в избу и говорит:

— Подал бы я вам милостыню и пивом бы вас угостил — у нас в доме всего вдоволь, да видите сами — недвижим я сижу!

Три раза просили его странники, три раза Илья им отказывал.

— А теперь попробуй-ка, Илья, с печки слезть, — нищие говорят.

Спустил Илья ноги с печи, встал на них — диво дивное! Пошли ноги по избе, словно и не был Илья безногим.

Сходил Илья в другую горницу за деньгами, подаёт старичкам, нищим странникам. А те не берут, говорят:

— Теперь принеси нам пива сладкого.

Принёс Илья им пива. Нищие попили и говорят:

— А теперь ты допивай то, что в чаше осталось. Там твоя сила.

Допил Илья из чаши странников. И почувствовал в себе силу непомерную, здоровье богатырское. И тогда говорят ему странники:

— Попроси ты, Илья, своего батюшку, чтоб купил он тебе жеребёночка. Пои ты его речною водой, корми золотою пшеницей, води его по траве, по росе гулять. И вырастет у тебя богатырский конь, тебе, Илья, будет товарищ. Достань себе, Илья, доспехи богатырские. Могучим богатырём, Илья Муромец, станешь. И не бойся с врагом в поле встретиться: тебе в бою смерть не писана. А теперь иди в поле, расскажи отцу с матушкой, что с тобою случилось.

И исчезли нищие странники, словно в воздухе растаяли.

Собрал Илья наскоро пищу, питьё и в поле побежал к родителям. Обрадовались его отец с матушкой, от счастья заплакали. Говорят Илье:

— Поезжай, сынок, в чисто поле, а оттуда в славный Киев-град. Низко кланяйся князю с княгинею, войску русскому, богатырям-товарищам. Обходись со всеми вежливо.

Всё сделал Илья, как ему нищие странники подсказали. Коня себе богатырского выкормил, оружие и доспехи достал. Стал богатырём-великаном и отправился на службу к князю Владимиру.

Ласково встретил его Владимир, князь киевский.

— Ты чей, добрый молодец? Ты какого отца-матери?

Отвечает Илья:

— Я из города Мурома, из села Карачарова, а зовусь Илья Муромец. Поступить хочу, князь, на службу к тебе, от врагов защищать Русь-матушку. Позволь, князь, мне набрать себе дружину храбрую.

Говорит ему Владимир Красно Солнышко:

— Поезжай ты, Илья, в чисто поле, поезжай ты на край земли русской, там на страже стоят мои воины. Набирай себе дружину могучую. А оттуда приезжай ко мне на пир. Будешь старшим над богатырями русскими.

Поехал Илья в чисто поле, поехал на край земли русской. Там на страже стояли воины: и Добрыня Никитич, и Алёша Попович, и Дунай, и другие богатыри. Подружились с Ильёй богатыри-товарищи. Поклонились они Илье Муромцу и признали его самым сильным и храбрым из богатырей земли русской.

ГОСУДАРСТВЕННЫЕ РОССИЙСКИЕ ПРАЗДНИКИ, ДНИ ВОИНСКОЙ СЛАВЫ РОССИИ, ПРОФЕССИОНАЛЬНЫЕ И МЕЖДУНАРОДНЫЕ ПРАЗДНИКИ[1]

Январь

1, 2, 3, 4, 5 января (нерабочие дни) — новогодние каникулы

7 января (нерабочий день) — Рождество Христово

11 января — День заповедников

12 января — День работника прокуратуры Российской Федерации

13 января — День российской печати

21 января — День инженерных войск

25 января — День российского студенчества (Татьянин день)

27 января — День воинской славы России: День снятия блокады города Ленинграда (1944 год)

Февраль

2 февраля — День воинской славы России: День разгрома советскими войсками немецко-фашистских войск в Сталинградской битве (1943 год)

8 февраля — День российской науки

10 февраля — День дипломатического работника

Второе воскресенье февраля — День Аэрофлота

14 февраля — День всех влюблённых (День святого Валентина)

15 февраля — День памяти воинов-интернационалистов в России

21 февраля — Международный день родного языка

23 февраля (нерабочий день) — День защитника Отечества

Март

3 марта — Всемирный день писателя

8 марта (нерабочий день) — Международный женский день

Второе воскресенье марта — День работников геодезии и картографии

10 марта — День архивов

15 марта — Всемирный день прав потребителя

Третья суббота марта — День налоговой полиции

---

[1] Список Дней воинской славы России, профессиональных и международных праздников приводится в сокращённом виде.

Третье воскресенье марта — День работников торговли, бытового обслуживания населения и жилищно-коммунального хозяйства; День моряка-подводника

21 марта — Всемирный день Земли; Всемирный день поэзии

22 марта — Всемирный день воды

23 марта — Всемирный день метеорологии

24 марта — День планетариев

27 марта — Международный день театра; День внутренних войск Министерства внутренних дел Российской Федерации

День весеннего равноденствия — Всемирный день Земли

Апрель

1 апреля — День смеха

Первая суббота апреля — Международный день птиц

2 апреля — День единения народов

Первое воскресенье апреля — День геолога; Международный день детской книги

7 апреля — Всемирный день здоровья

Второе воскресенье апреля — День войск противовоздушной обороны страны

11 апреля — День освобождения узников концлагерей

12 апреля — Всемирный день авиации и космонавтики

Третья суббота апреля — Всемирный день культуры; День специалистов радиоэлектронной борьбы

Третье воскресенье апреля — День науки

18 апреля — Международный день памятников и исторических мест; День воинской славы России: День победы русских воинов князя Александра Невского над немецкими рыцарями на Чудском озере (Ледовое побоище, 1242 год)

24 апреля — Международный день солидарности молодёжи; Международный день астрономии

25 апреля — День военного железнодорожника

26 апреля — День памяти погибших в радиационных авариях и катастрофах

Последняя суббота апреля — Международный день танца

30 апреля — День работников пожарной охраны

Май

1 мая (нерабочий день) — Праздник весны и труда

3 мая — Всемирный день свободы печати

5 мая — День Европы

7 мая — День радио; День шифровальщика; День создания Вооружённых сил Российской Федерации

8 мая — Всемирный день Красного Креста и Красного Полумесяца

9 мая (нерабочий день) — День воинской славы России: День Победы советского народа в Великой Отечественной войне 1941–1945 годов (1945 год)

12 мая — Всемирный день медицинских сестёр

Вторая суббота мая — День Черноморского флота

15 мая — Международный день семьи

17 мая — Международный день электросвязи

18 мая — Международный день музеев

Третье воскресенье мая — День образования Тихоокеанского военно-морского флота России

24 мая — День славянской письменности и культуры

25 мая — День филолога

26 мая — День российского предпринимателя

27 мая — Общероссийский день библиотек

28 мая — День пограничника

29 мая — День военного автомобилиста

Последнее воскресенье мая — День химика

31 мая — День без табака; День российской адвокатуры

Июнь

1 июня — Международный день защиты детей; День Северного флота России

5 июня — Всемирный день окружающей среды; Всемирный день эколога

6 июня — Пушкинский день России

8 июня — День социального работника

12 июня (нерабочий день) — День России (День принятия Декларации о государственном суверенитете Российской Федерации)

Вторая суббота июня — День пивовара

Второе воскресенье июня — День работников текстильной и лёгкой промышленности

Третье воскресенье июня — День медицинского работника

22 июня — День памяти и скорби. Начало Великой Отечественной войны (1941–1945 годы)

23 июня — Международный Олимпийский день

25 июня — День дружбы, единения славян

26 июня — Международный день борьбы с наркоманией и наркобизнесом

27 июня — День молодёжи России; Всемирный день рыболовства

Последняя суббота июня — День изобретателя и рационализатора

Июль

1 июля — Всемирный день архитектуры

Первое воскресенье июля — День работников морского и речного флота; Международный день спортивного журналиста

3 июля — День работников ГИБДД (государственной инспекции по безопасности дорожного движения)

8 июля — Всероссийский день семьи, любви и верности

10 июля — День воинской славы России: День победы русской армии под командованием Петра Первого над шведами в Полтавском сражении (1709 год)

11 июля — Всемирный день народонаселения

Второе воскресенье июля — День рыбака; День российской почты

20 июля — Международный день шахмат

Третье воскресенье июля — День металлурга

25 июля — День работника торговли

Последняя пятница июля — День системного администратора

Последнее воскресенье июля — День Военно-морского флота России

Август

1 августа — День тыла Вооружённых сил Российской Федерации

2 августа — День Воздушно-десантных войск России

Первое воскресенье августа — День железнодорожника

6 августа — День железнодорожных войск Российской Федерации

9 августа — Международный день коренных народов мира

12 августа — День Военно-воздушных сил; Международный день молодёжи

Вторая суббота августа — День физкультурника

Второе воскресенье августа — День строителя

Третье воскресенье августа — День Воздушного флота России

22 августа — День государственного флага Российской Федерации

23 августа — День воинской славы России: День разгрома советскими войсками немецко-фашистских войск в Курской битве (1943 год)

Последнее воскресенье августа — День шахтёра

27 августа — День кино

Сентябрь

1 сентября — День знаний; Всемирный день мира

2 сентября — День российской гвардии

3 сентября — День солидарности в борьбе с терроризмом

Первое воскресенье сентября — День работников нефтяной и газовой промышленности

7 сентября — День воинской славы России: День Бородинского сражения русской армии под командованием М.И. Кутузова с французской армией (1812 год)

9 сентября — Международный день красоты

Второе воскресенье сентября — День танкиста

16 сентября — Международный день охраны озонового слоя

19 сентября — Международный день мира

21 сентября — День воинской славы России: День победы русских полков во главе с великим князем Дмитрием Донским над монголо-татарскими войсками в Куликовской битве (1380 год)

Третье воскресенье сентября — День работников леса

27 сентября — Международный день туризма

28 сентября — День работников атомной промышленности; Всемирный день моря

30 сентября — Международный день переводчика; Всемирный день Интернета

Последнее воскресенье сентября — День машиностроителя

Октябрь

1 октября — Международный день пожилых людей; Международный день музыки

2 октября — Всемирный день архитектуры

4 октября — День космических войск Российской Федерации; День гражданской обороны МЧС России

5 октября — День учителя; День работника уголовного розыска

Первый понедельник октября — Международный день жилья

14 октября — Международный день стандартизации

Второе воскресенье октября — День работников сельского хозяйства и перерабатывающей промышленности

24 октября — Международный день Организации Объединённых Наций

25 октября — День таможенника Российской Федерации

Третье воскресенье октября — День работников дорожного хозяйства; День работников пищевой промышленности

Последнее воскресенье октября — День работников автомобильного транспорта

30 октября — День памяти жертв политических репрессий

Ноябрь

Первая суббота ноября — Всемирный день мужчин

4 ноября (нерабочий день) — День народного единства. День воинской славы России: День освобождения Москвы силами народного ополчения под руководством Кузьмы Минина и Дмитрия Пожарского от польских интервентов (1612 год)

5 ноября — День военного разведчика

7 ноября — День воинской славы России: День проведения военного парада на Красной площади в городе Москве в ознаменование двадцать четвёртой годовщины Великой Октябрьской социалистической революции (1941 год). Памятная дата России: День Октябрьской революции 1917 года

Второй четверг ноября — Всемирный день качества

10 ноября — День милиции

12 ноября — День банковского работника

15 ноября — Всероссийский день призывника

16 ноября — День Морской пехоты

18 ноября — День рождения Деда Мороза

Третье воскресенье ноября — День ракетных войск и артиллерии

20 ноября — Всемирный день ребёнка

21 ноября — День работников налоговых органов Российской Федерации; Всемирный день приветствий; Всемирный день телевидения

Последнее воскресенье ноября — День матери

Декабрь

3 декабря — Международный день инвалидов

4 декабря — День информатики

5 декабря — День воинской славы России: День начала контрнаступления советских войск против немецко-фашистских войск в битве под Москвой (1941 год)

7 декабря — Международный день гражданской авиации

10 декабря — День прав человека; Всемирный день футбола

12 декабря — Памятная дата России: День Конституции Российской Федерации

17 декабря — День ракетных войск стратегического назначения

20 декабря — День работников органов безопасности Российской Федерации

Третье воскресенье декабря — День энергетика

27 декабря — День спасателя Российской Федерации

28 декабря — Международный день кино

29 декабря — Международный день биологического разнообразия

КОММЕНТАРИИ

Византи́я — государство, которое существовало в восточной части Римской империи с IV до XVI века. В X веке, когда между Византией и киевскими князьями установились торговые и культурные связи, Киевская Русь приняла по примеру Византии христианство.

Гео́ргиевская ле́нта — чёрно-оранжевая лента, к которой крепился орден святого Георгия, главная военная награда Российской империи. После Великой Отечественной войны (1941—1945) к георгиевской ленте крепились орден Славы и медаль «За победу над Германией в Великой Отечественной войне 1941—1945».

Гости́ный Двор — торговый комплекс в Москве, который иногда используется для проведения концертов, презентаций и т. д. В старину гостиным двором называлось место в городе, где останавливались и торговали купцы.

Гражда́нская война́ (1918—1920) — борьба рабочих и крестьян с противниками Октябрьской революции, пытавшимися с помощью оружия вернуть прежний общественный порядок. В вооружённую борьбу революции и контрреволюции были вовлечены огромные массы людей с обеих сторон.

Григориа́нский календа́рь — календарь, который ввёл папа римский Григорий XIII в 1582 году. Поводом введения нового календаря была астрономическая неточность юлианского календаря, из-за которой с каждым годом всё больше смещался день весеннего равноденствия, а значит, и день праздника Пасхи.

Двунадеся́тые праздники — 12 основных праздников православной церкви, прославляющих Иисуса Христа и Богородицу, а также посвящённых некоторым событиям евангельской истории.

Непереходящие[1] двунадесятые праздники:
- Рождество́ Христо́во (7 января[2]);
- Креще́ние Госпо́дне, Богоявле́ние (19 января);
- Сре́тение Госпо́дне (15 февраля);
- Благове́щение Пресвято́й Богоро́дицы (7 апреля);
- Преображе́ние Госпо́дне (19 августа);
- Успе́ние Пресвято́й Богоро́дицы (28 августа);

---

[1] Каждый год отмечаются в эти дни.
[2] Даты указаны по новому стилю календаря.

- Рождество́ Пресвято́й Богоро́дицы (21 августа);
- Воздви́жение Креста́ Госпо́дня (27 сентября);
- Введе́ние во храм Пресвято́й Богоро́дицы (4 декабря).

Переходящие двунадесятые праздники[1]:
- Вход Госпо́день в Иерусали́м (за неделю до Пасхи);
- Вознесе́ние Госпо́дне (на 40-й день после Пасхи);
- День Свято́й Тро́ицы, Пятидеся́тница (на 50-й день после Пасхи).

Домово́й или Доможи́л, Дед, Хозяин — дух дома, который, по языческим поверьям, оберегает жилище от неприятностей.

Зачётка или зачётная книжка — книжка студента, в которой выставляются оценки за экзамены и зачёты.

Имени́ны или день ангела — праздник, который отмечается человеком в день памяти святого, именем которого он назван.

Иуде́я — государство в Южной Палестине, которое возникло в X веке до нашей эры, в I веке до нашей эры было завоёвано римлянами и стало частью Римской империи.

Коло́нный зал До́ма сою́зов — красивый зал с колоннами в здании бывшего Дворянского Благородного собрания в Москве. В Колонном зале часто проводят концерты, собрания и другие культурные мероприятия.

Колядова́ние — пение обрядовых песен (колядок) во время обхода домов в Рождественский сочельник, рано утром в Рождество или в первый день нового года (в народном сознании — в переходные моменты от старого времени к новому). Слово «колядки» восходит к названию языческого праздника Коляда́, который посвящался божеству плодородия древних славян Коляде́. Многие учёные связывают название праздника со славянским словом «коло» (колесо), которое было символом солнечного движения и цикличности всей жизни. В древности Коляду́ праздновали в день зимнего солнцестояния (самый короткий световой день года), и некоторые ритуалы праздника легли в основу более поздних святочных обрядов.

«Кра́сный календа́рь» — календарь памятных дней первых лет советской власти. В него входили следующие даты:

- **17 января** — День памяти Карла Либкнехта и Розы Люксембург, немецких социалистов, убитых в Берлине в 1919 году.
- **22 января** — День памяти «Кровавого воскресенья», установленный в память о расстреле мирной демонстрации рабочих Петербурга царскими войсками 9 января 1905 года.

---

[1] Даты их проведения зависят от дня Пасхи.

- **23 февраля** — День Красной армии.
- **8 марта** — День работницы.
- **12 марта** — День низвержения самодержавия и начала вооружённого восстания рабочих и солдат, установленный в память о буржуазно-демократической революции 1917 года. 12 марта началось восстание рабочих и присоединившихся к ним солдат. Через три дня царь Николай II отказался от престола, в России закончился период самодержавной (единоличной) власти.
- **18 марта** — День памяти Парижской коммуны, революционного правительства рабочих, которое было создано во время французской пролетарской революции 18 марта 1871 года и просуществовало 10 дней.
- **16 апреля** — «Приезд Ленина в Петроград» или «Апрельские дни». Праздник, установленный в честь возвращения Ленина 16 апреля 1917 года из длительной эмиграции.
- **1 мая** — День Интернационала, международной организации пролетариата (рабочих), которую основали Карл Маркс и Фридрих Энгельс.
- **7 ноября** — Октябрьская годовщина. Праздник, установленный в память о вооружённом восстании в Петрограде 25 октября (7 ноября по григорианскому календарю) 1917 года. В советское время праздник официально назывался «Годовщина Великой Октябрьской социалистической революции».
- **22 декабря** — День памяти московского вооружённого восстания, установленный в память о политической забастовке московских рабочих в декабре 1905 года.

Купа́ла, Ива́н Купа́ла или **Ива́нов день** — языческий праздник, который отмечают 24 июня, после дня летнего солнцестояния, самого длинного светового дня в году. В старину его называли летним солнцеворотом: с этого времени солнце «поворачивало на зиму», день становился короче, а ночь длиннее. Люди верили, что сила природы (воды, земли и огня) на Купалу достигает максимума — чтобы «получить» энергию природы, люди собирали целебные травы, в «магическую» купальскую ночь парни и девушки прыгали через костры и купались в реках (огонь и вода были символами очищения). После принятия христианства в день Ивана Купалы Церковь празднует Рождество Иоанна Крестителя.

Кули́ч — обрядовое блюдо. Сладкий хлеб цилиндрической формы, который пекут к празднику Пасхи.

Ма́сленица — древнейший народный праздник проводов зимы и встречи весны, известный с языческих времён. Когда-то Масленица была праздником встречи Нового года (по древнеславянскому календарю год начинался в марте), её отмечали в новолуние, ближайшее к дню весеннего равноденствия. Масленичные обряды были «весенними» и «зимними». «Весенние» должны были помочь людям «приблизить» весну, а «зимние» — с почётом проводить зиму.

Обря́д — действия, которые отражают религиозные представления или бытовые традиции народа. Эти действия совершаются обычно в определённом порядке, который называется **ритуа́лом**.

Октя́брьская револю́ция — октябрьское вооружённое восстание в Петрограде (1917 год), которое привело к власти большевиков (российских революционных марксистов) во главе с Лениным.

Оливье́ — салат, который россияне часто готовят к праздничному столу. Этот салат придумал француз Люсьен Оливье, хозяин московского ресторана «Эрмитаж» ещё в XIX веке. Оригинальный рецепт салата: 2 рябчика, 100 г чёрной икры, 200 г салата латук, 2 отварных говяжьих языка, 20 раковых шеек, 200 г маринованных огурцов, 2 свежих огурца, 200 г сои, 100 г каперсов, 5 сваренных вкрутую яиц, майонез. В советское время рецепт изменился почти до неузнаваемости, салатом оливье стал называться салат из сваренных вкрутую и мелко порубленных яиц, отварного картофеля, зелёного горошка, порезанной на кубики варёной колбасы, солёного или свежего огурца и майонеза. Сегодня вместо колбасы в салат обычно кладут отварное и порубленное мясо: говядину, телятину или курицу.

«Пе́рвый блин ко́мом» — говорят о неудачной первой попытке какого-нибудь дела. Это выражение связано с тем, что при недостаточном разогреве сковороды блин с неё плохо снимался, тесто «слипалось» в комок.

Свя́тки — народный праздник, посвящённый переходу от старого года к новому. В старину назывался зимним солнцеворотом, так как отмечал поворот солнца от зимы к лету. Праздник начинался в день зимнего солнцестояния (самый короткий световой день года). Многие святочные ритуалы берут своё начало в язычестве. На языческую основу святок со временем наложилась христианская традиция, и святочные обряды стали рождественскими. С этим связано и название праздника: святые дни или святые вечера, позднее — просто Святки. Начинаются Святки вечером после Рождества (7 января) и заканчиваются в день Крещения (19 января).

Селёдка «под шу́бой» — популярное блюдо русской кухни, которое часто готовят к праздникам. Селёдка «под шубой» — это филе сельди под слоями тёртых отварных овощей (свёклы, моркови, картофеля), яиц и майонеза.

Семи́к или Четверто́к — языческий праздник, которым отмечали окончание весны и начало лета. Название праздника связано с тем, что приходился он на 7-й четверг после Пасхи. Семик также называли Зелёными Святками, так как это был праздник символического перехода природы из состояния «молодости» в состояние «зрелости», от посевов к урожаю. Поэтому основные обряды праздника выполнялись девушками-подростками, чей возраст тоже был «переходным» от детства к материнству. Девушки водили хороводы, обходили поля, пели обрядовые песни, которые должны были обеспечить хороший урожай.

Творо́жная па́сха, или просто па́сха — обрядовое пасхальное блюдо из творога, масла, яиц, сахара, орехов и изюма. Творожная пасха имеет вид пирамиды и символизирует Голгофу — гору в Иерусалиме, на которой был распят Христос.

Тусо́вка — компания молодёжи или развлекательное мероприятис.

Халя́ва — получение чего-либо бесплатно или незаслуженно.

Холоде́ц или сту́день — мясное блюдо, традиционное для русской кухни. Это охлаждённый и застывший мясной бульон с кусочками мяса.

Храм Христа́ Спаси́теля — православный кафедральный собор в Москве, в котором проводятся праздничные богослужения.

Юлиа́нский календа́рь — календарь, который был введён римским императором Гаем Юлием Цезарем в 46 году до нашей эры. Этот календарь был ориентирован на движение солнца и заменил старый лунный календарь, по которому жила в то время Римская империя.

Язы́ческий — относящийся к дохристианскому периоду, когда люди поклонялись сразу многим богам.

БИБЛИОГРАФИЯ

1. Большая советская энциклопедия. Том СССР. — М.: Советская энциклопедия, 1977.
2. *М.С. Галынский.* Энциклопедия Нового года и Рождества. — М.: Олма-пресс, 2006.
3. Русские обряды и обычаи. — М.: Вече, 2005.
4. *Д.А. Андреев, Г.А. Бордюгов.* Пространство памяти: Великая Победа и власть. — М.: АИРО, 2007.
5. *Н.П. Степанов.* Народные праздники на Святой Руси. — М.: Российский раритет, 1992.
6. *Ю.С. Рябцев.* Путешествие в Древнюю Русь. — М.: Владос, 2005.
7. Календарь школьных праздников. — М.: 5 за знания, 2006.
8. Славянская мифология. Сост. Ф.С. Капица. — М.: Мегатрон, 1999.
9. Народные праздники на Руси. Сост. С.А. Михайлов. — М.: Центрполиграф, 2004.
10. *И.В. Синова.* Государственные праздники России. Справочник школьника. — СПб: Литера, 2006.
11. *А.И. Мазаев.* Праздник как социально-художественное явление. — М.: Наука, 1978.
12. Русский праздник. Праздники и обряды народного земледельческого календаря. Иллюстрированная энциклопедия. — СПб: Искусство-СПб, 2001.

Учебное издание

Жабоклицкая Ирена Ивановна

Российские праздники: история и современность

Учебное пособие по русскому языку
для иностранных учащихся

Редактор *М.В. Питерская*
Корректор *В.К. Ячковская*
Компьютерная вёрстка и оригинал-макет *Е.П. Бреславской*

Подписано в печать 03.02.2014 г. Формат 70×100/16
Объём 8,5 п.л. Тираж 500 экз. Зак. 64

Издательство «Русский язык». Курсы
125047, Москва, 1-я Тверская-Ямская ул., д. 18
Тел./факс: +7(499) 251-08-45; тел.: +7(499) 250-48-68
e-mail: rkursy@gmail.com; ruskursy@gmail.com;
russky_yazyk@mail.ru; ruskursy@mail.ru
www.rus-lang.ru

Отпечатано с оригинал-макета заказчика в типографии
ФГБНУ «Росинформагротех»,
141261, пос. Правдинский Московской обл., ул. Лесная, 60
Тел. (495) 993-44-04

Из истории русской культуры

Учебное пособие для иностранцев, изучающих русский язык

А.Л. Кузнецов и др.

Задача пособия — познакомить иностранных студентов с некоторыми аспектами русской культуры со времён Древней Руси до наших дней. При организации учебного материала авторы использовали два основных принципа: историко-хронологический и содержательно-тематический.

Пособие состоит из вводного раздела, 14 основных разделов и заключения. Каждый раздел содержит несколько текстов, связанных по содержанию, а также предтекстовые и послетекстовые задания, относящиеся ко всему разделу.

Пособие предназначено в первую очередь будущим гуманитариям, его тексты ориентированы на I сертификационный уровень общего владения русским языком.

Знакомимся с русскими традициями и жизнью россиян

Учебное пособие по культурологии, развитию речи и чтению для изучающих русский язык как иностранный

Н.В. Баско

Основная цель учебного пособия — познакомить иностранцев с русскими традициями и обычаями, ментальностью русских, а также помочь иностранным учащимся в практическом овладении русским языком как средством общения.

Учебное пособие содержит 14 уроков с учебными текстами, с заданиями по лексике и грамматике русского языка, по развитию речи и чтению художественных текстов на темы, вызывающие наибольший интерес у иностранцев.

Подбор, содержание и организация учебного материала нацелены на формирование у иностранных учащихся коммуникативной, страноведческой и культуроведческой компетенции на русском языке.

Адресовано студентам университетов, институтов переводчиков, слушателям курсов русского языка, а также всем тем, кто интересуется русской культурой, традициями и обычаями, ментальностью русских людей.

ПО ВОПРОСАМ ПРИОБРЕТЕНИЯ КНИГ ОБРАЩАТЬСЯ ПО АДРЕСУ:

125047, Москва, 1-я Тверская-Ямская ул., д. 18
(ст. метро «Маяковская» или «Белорусская»)
Тел./факс: +7(499) 251-08-45, тел.: +7(499) 250-48-68
e-mail: rkursy@gmail.com; ruskursy@gmail.com;
russky_yazyk@mail.ru; ruskursy@mail.ru
www.rus-lang.ru